MARTE, EL ÚLTIMO REFUGIO DE LA HUMANIDAD

DAVID SANDUA

Marte, el último refugio de la humanidad.

*"La Tierra es la cuna de la humanidad,
pero uno no puede vivir en la cuna para siempre."*

Konstantin Tsiolkovsky

ÍNDICE

I. INTRODUCCIÓN

La superpoblación, el agotamiento de los recursos naturales y el calentamiento global son algunos de los problemas más acuciantes a los que se enfrenta el mundo hoy en día. La raza humana ha llegado a un punto crítico de su existencia, en el que no sólo tiene que encontrar la manera de mantener sus recursos, sino también de asegurar su supervivencia. La población mundial crece a un ritmo alarmante y los recursos se agotan a un ritmo sin precedentes. A esto se añade la amenaza del calentamiento global, que está alterando rápidamente los frágiles ecosistemas, provocando cambios climáticos y catástrofes naturales. Todos estos factores han llevado a la humanidad a creer que la única forma de salir de esta crisis es explorar nuevas fronteras y encontrar la manera de colonizar otros planetas. Marte, al ser el planeta más cercano a la Tierra y con potencial para albergar vida, promete ofrecer una salida a la crisis que se avecina. Explorar la posibilidad de colonizar Marte puede ser el siguiente paso en la evolución de la humanidad para garantizar su supervivencia. Este ensayo pretende explorar la posibilidad de colonizar Marte, su viabilidad y los beneficios y retos potenciales de hacerlo realidad.

SUPERPOBLACIÓN, AGOTAMIENTO DE LOS RECURSOS NATURALES Y CALENTAMIENTO GLOBAL

Para comprender plenamente la urgencia de colonizar Marte, es importante profundizar en los problemas a los que se enfrenta la humanidad en la Tierra. El crecimiento exponencial de la población humana ha supuesto una enorme presión sobre los recursos del planeta. En 2021, la población mundial superará los 7.900 millones de personas, más del doble que en la década de 1960. Este aumento de la población ha contribuido directamente al agotamiento de los recursos naturales, como el agua, la madera y los combustibles fósiles. La creciente demanda de energía ha dado lugar a la emisión de grandes cantidades de gases de efecto invernadero, lo que ha provocado el calentamiento global, un fenómeno que acarrea en sí mismo un sinfín de consecuencias mortales. El problema de la superpoblación no es nuevo y se reconoce como un reto mundial desde hace muchas décadas. Los efectos de la superpoblación pueden verse en todo el mundo, desde ciudades superpobladas hasta un aumento de los niveles de pobreza. La superpoblación ejerce una enorme presión sobre los recursos naturales del planeta. Conduce a la deforestación, que es la tala de bosques a gran escala. La deforestación ha causado importantes daños al medio ambiente, provocando el agotamiento de la biodiversidad, el cambio climático y la erosión del suelo. También contribuye al cambio climático, ya que los árboles funcionan como sumideros de carbono, absorbiendo dióxido de carbono durante la fotosíntesis y almacenándolo en sus tejidos. Cuando los árboles se queman o se descomponen, vuelven a liberar dióxido de carbono a la atmósfera. Otro aspecto que intensifica el agotamiento de los recursos naturales es la excesiva demanda de energía. El uso de combustibles fósiles como el carbón, el petróleo y el gas como fuente primaria de energía también tiene un impacto significativo en el medio ambiente. La quema de estos combustibles fósiles libera grandes cantidades de gases de efecto invernadero a la atmósfera, lo que provoca el calentamiento global. Se trata de un problema que se viene gestando desde hace décadas, y sus repercusiones se dejan sentir en forma de condiciones meteorológicas extremas, el deshielo de los casquetes polares, la subida del nivel del mar y la acidificación de los océanos. El calentamiento global también tiene graves consecuencias para el ecosistema, como la puesta en peligro de numerosas especies de animales y plantas. El calentamiento global es uno de los problemas más acuciantes de nuestro tiempo. Está causado por la acumulación de gases de efecto invernadero en la atmósfera, principalmente dióxido de carbono, que atrapa el calor del sol y hace subir las temperaturas globales. El impacto del calentamiento global es generalizado y dramático, incluyendo olas de calor más frecuentes e intensas, sequías, incendios forestales, tormentas e inundaciones. Se prevé que el aumento del nivel del mar, provocado por el deshielo de los casquetes polares, hará inhabitables muchas zonas costeras, y los rápidos cambios de las pautas meteorológicas amenazarán los cultivos alimentarios y la seguridad alimentaria. El rápido cambio de los patrones climáticos amenazará los cultivos alimentarios y el suministro de agua en todo el mundo. Dada la magnitud de estos problemas, está claro que la humanidad necesita encontrar una solución que favorezca la sostenibilidad. La colonización de Marte representa una oportunidad para alejarse de los recursos finitos de la Tierra y explorar formas alternativas e innovadoras de sustentar la vida humana. La abundancia de recursos de Marte, como hielo, agua y minerales, puede ofrecer una solución a la actual crisis de recursos de la Tierra. En Marte, estos recursos podrían utilizarse para sustentar la vida humana y desarrollar nuevas tecnologías que ayuden en la búsqueda de fuentes alternativas de energía. Al brindar la oportunidad de empezar de nuevo sin los confines de las estructuras políticas y económicas de la Tierra, la colonización de Marte ofrece la posibilidad de establecer una sociedad sostenible que dé prioridad a la preocupación por el medio ambiente. La superpoblación, el agotamiento de los recursos naturales y el calentamiento global son algunos de los problemas más importantes a los que se enfrenta actualmente la humanidad. Con una población mundial que se prevé que alcance los 10.000 millones en 2050, la superpoblación es un problema que no hará sino empeorar. El agotamiento de los recursos naturales y el calentamiento global son también problemas acuciantes que tienen efectos perjudiciales para nuestro planeta. Aunque en la Tierra se están haciendo esfuerzos para lograr la sostenibilidad, la colonización de Marte presenta una opción alternativa. Utilizando los recursos que Marte ofrece, podríamos encontrar soluciones a problemas que nos han asolado durante décadas. Es hora de reconocer la urgencia de la situación en la que nos encontramos y tomar medidas proactivas para garantizar la supervivencia de nuestra especie. Colonizar Marte puede ser uno de esos pasos.

SOLUCIONES PARA GARANTIZAR LA SUPERVIVENCIA DE LA HUMANIDAD

Poner de relieve la necesidad de soluciones para garantizar la supervivencia de la humanidad va más allá de la idea de explorar el espacio. Requiere comprender las causas subyacentes de los problemas a los que se enfrenta la humanidad y tomar medidas deliberadas para resolverlos. La superpoblación, el agotamiento de los recursos naturales y el calentamiento global son los tres retos principales que amenazan la supervivencia de la humanidad en la Tierra. El continuo aumento de la población humana ha ejercido una inmensa presión sobre los recursos del planeta, lo que ha llevado a su sobreexplotación y eventual agotamiento. Esto ha afectado al medio ambiente, provocando el cambio climático, la contaminación y la pérdida de biodiversidad, todo lo cual tiene consecuencias de largo alcance para la supervivencia de todos los organismos vivos de la Tierra. Nunca se insistirá lo suficiente en la necesidad de encontrar soluciones, dado el ritmo alarmante al que se agravan estos problemas.

La comunidad mundial debe unirse y trabajar para desarrollar soluciones sostenibles que garanticen la supervivencia de la humanidad al tiempo que preservan los recursos del planeta para las generaciones futuras. Esto significa adoptar estilos de vida y prácticas respetuosas con el medio ambiente e invertir en tecnologías que reduzcan nuestro impacto en el entorno natural. También es esencial promover campañas de educación y concienciación que ayuden a la gente a comprender la importancia de preservar los recursos naturales del planeta y reducir su huella de carbono. Sólo si adoptamos un enfoque holístico para resolver los problemas podremos ofrecer esperanzas para la supervivencia de la humanidad. Por tanto, la colonización de Marte podría ser una solución adicional, pero es fundamental que la humanidad resuelva los factores que amenazan la supervivencia de la Tierra antes de plantearse seriamente la colonización.

LA COLONIZACIÓN DE MARTE COMO POSIBLE SOLUCIÓN

El concepto de colonizar Marte como posible solución a nuestros problemas actuales ha sido un tema muy debatido en los últimos tiempos. Como ya se ha mencionado, los seres humanos han estado agotando los recursos de la Tierra a un ritmo alarmante, causando un impacto irreversible en el ecosistema del planeta. La idea de colonizar Marte ofrece una posible solución al agotamiento de los recursos naturales y al problema del control de la población. Marte, con su abundancia de minerales y recursos, presenta una opción viable para una colonia humana sostenible. El planeta también ofrece una protección muy necesaria contra los efectos del calentamiento global, como la radiación y las condiciones meteorológicas extremas. La idea de colonizar Marte puede parecer descabellada al principio, pero es muy prometedora para garantizar nuestra supervivencia como especie. Se ha propuesto la posibilidad de terraformar Marte, lo que implica hacer habitable el planeta alterando su atmósfera y su clima. El proceso llevaría tiempo y podría ser complicado, pero presenta una solución a largo plazo para el problema del cambio climático. El concepto de colonización de Marte también ha despertado un renovado interés por la exploración espacial y el desarrollo de tecnología que permita los viajes y asentamientos humanos en el espacio. Esto podría dar lugar a avances significativos en diversos campos, como la medicina, la ingeniería y la agricultura, mejorando así la calidad de vida en la Tierra. La exploración de Marte y el concepto de colonización ofrecen una solución prometedora para garantizar la supervivencia de nuestra especie. Los beneficios potenciales podrían abarcar varias generaciones, y es una idea que merece la pena seguir explorando. A pesar del optimismo y el entusiasmo que rodean la posibilidad de colonizar Marte, es importante tener en cuenta las posibles consecuencias negativas y los retos que pueden surgir de tal empresa. En primer lugar, el coste de colonizar Marte sería astronómico, ya que requeriría cantidades inmensas de recursos y mano de obra. El gasto inicial para crear espacios habitables sería enorme, y las misiones de mantenimiento y abastecimiento no harían sino añadir más presión a los ya limitados recursos de la Tierra. La construcción y el funcionamiento de una colonia en Marte requerirían una enorme cantidad de energía, lo que podría agravar el calentamiento global y otros problemas medioambientales. La colonización de Marte podría tener importantes repercusiones negativas en el frágil ecosistema del planeta, ya que cualquier introducción de organismos o materiales terrestres podría tener consecuencias imprevistas para el medio ambiente marciano. También es importante tener en cuenta el impacto psicológico de vivir en un planeta completamente nuevo, lejos de la familiaridad y las comodidades de la Tierra. Los seres humanos son criaturas sociales, y el aislamiento y confinamiento de una colonia en Marte podría provocar importantes problemas de salud mental entre los colonos. Está la cuestión de la sostenibilidad y la viabilidad a largo plazo de una colonia marciana. A pesar de nuestros esfuerzos por crear entornos autosuficientes, siempre existe el riesgo de que se produzcan fallos tecnológicos o se agoten los recursos, lo que podría provocar el colapso total de la colonia. Aunque la idea de colonizar Marte pueda parecer una solución a la creciente población de la Tierra y a la crisis de recursos, es importante tener en cuenta las posibles consecuencias negativas y los retos que pueden derivarse de tal empresa.

II. SUPERPOBLACIÓN

La superpoblación es un problema crucial que se ha intensificado con el paso de los años. Con el continuo aumento de la población humana, cada vez es más difícil satisfacer las necesidades básicas de las personas. La población mundial ha pasado de algo menos de 2.000 millones a principios del siglo XX a más de 7.000 millones en 2019. Este crecimiento ha ejercido una inmensa presión sobre el planeta, especialmente sobre sus recursos, como el agua, los alimentos y el combustible. Como resultado, la degradación medioambiental, la contaminación y el cambio climático se han convertido en los principales efectos de la superpoblación. El consumo excesivo de recursos para satisfacer las necesidades de la creciente población ha dejado a muchas personas de los países en desarrollo en una situación de grave pobreza y desigualdad social. Una de las formas en que se ha manifestado la superpoblación es a través de la invasión de los hábitats naturales, lo que ha llevado a la extinción de muchas especies de plantas y animales. La destrucción de los bosques, la urbanización y la industrialización son algunos de los factores que contribuyen a la pérdida de hábitats que sustentan una gran variedad de especies. Esta pérdida de diversidad puede tener importantes consecuencias para los ecosistemas y los seres humanos, como la reducción de la calidad del aire y del agua, el aumento de las tasas de transmisión de enfermedades y el colapso de los ecosistemas. La elevada tasa de crecimiento de la población ha provocado una escasez de tierra, agua y refugio, y esta escasez ha dado lugar a una competencia por los recursos. La escasez de recursos ha provocado conflictos y guerras entre las naciones y dentro de ellas, agravando aún más el problema. La competencia por los recursos ha provocado un aumento de la inmigración de los países pobres o en desarrollo hacia los desarrollados. El agotamiento de los recursos naturales es otra consecuencia de la superpoblación. Los combustibles fósiles, los minerales y otros recursos son finitos, y su extracción genera contaminación, que tiene repercusiones negativas en el medio ambiente y la salud humana. La creciente demanda de estos recursos por el aumento de la población es un motor importante de la degradación del medio ambiente, que conduce al cambio climático. El agotamiento de las reservas de combustibles fósiles amenaza la estabilidad económica mundial, sobre todo para los países en desarrollo. El crecimiento y la expansión de las economías de los países en desarrollo han aumentado su dependencia de los combustibles fósiles, con los retos asociados de contaminación y gestión de residuos. La energía es esencial para el crecimiento económico, y sin esfuerzos concertados para la transición a fuentes sostenibles como la eólica, la solar y la hidroeléctrica, todos los países deberán hacer frente al inminente agotamiento de las fuentes de energía no renovables. El último impacto de la superpoblación es el calentamiento global. Las actividades humanas han sido identificadas como la causa principal del calentamiento global. La elevada concentración de gases de efecto invernadero en la atmósfera es responsable del calentamiento global, y esta concentración procede de las actividades humanas. Las actividades humanas, como la deforestación, la industrialización y la quema de combustibles fósiles, liberan dióxido de carbono y otros gases de efecto invernadero a la atmósfera, creando una gruesa capa que atrapa el calor del sol y calienta el planeta. Este efecto de calentamiento es responsable del aumento de las temperaturas globales, el deshielo de los glaciares y los casquetes polares, y la subida del nivel del mar. Algunas de las consecuencias del calentamiento global son la extinción de especies vegetales y animales, la propagación de enfermedades, la destrucción de los arrecifes de coral, la pérdida de biodiversidad y el aumento de desastres naturales como sequías, olas de calor, incendios forestales e inundaciones. El calentamiento global también ha perturbado el sector agrícola, provocando escasez de alimentos y migraciones masivas. Dada la gravedad de estos retos, la solución es colonizar Marte. Aunque la colonización del planeta rojo plantea muchos retos, como la exposición a la radiación, los efectos a largo plazo sobre la salud y las enormes inversiones financieras son superables con los avances científicos y tecnológicos adecuados. Colonizar Marte ofrecerá la oportunidad de escapar de los problemas derivados de la superpoblación terrestre. A medida que agencias espaciales como la NASA y SpaceX aceleren sus planes de enviar seres humanos a Marte, también estarán sentando las bases para la colonización del planeta rojo. Un asentamiento sostenible en Marte requerirá el uso de tecnologías innovadoras y la conservación de los recursos naturales. Y aunque puede llevar décadas o incluso siglos hacer de Marte un entorno habitable, ofrece una oportunidad única para que la humanidad evite los problemas medioambientales, sociales y económicos provocados por la superpoblación y el agotamiento de los recursos naturales en la Tierra. Una misión como la colonización de Marte inspirará al mundo con las posibilidades de la ciencia y la tecnología, al tiempo que contribuirá a una mejor comprensión de nuestro lugar en el universo. Debemos encontrar una solución a la superpoblación, el agotamiento de los recursos naturales y el calentamiento global para garantizar la supervivencia de la humanidad. Esta misión a Marte puede ser esa solución.

DEFINICIÓN DE SUPERPOBLACIÓN

La superpoblación se refiere a una situación en la que el número de personas que viven en una zona determinada supera la capacidad del medio ambiente para mantenerlas adecuadamente. Es un problema complejo en el que intervienen factores demográficos, medioambientales y socioeconómicos. Desde el comienzo de la Revolución Industrial, la población humana ha crecido a un ritmo sin precedentes, lo que ha dado lugar a numerosos retos que amenazan la sostenibilidad del medio ambiente, los seres humanos y otras especies. La superpoblación interactúa con otros problemas globales como el cambio climático y el agotamiento de los recursos naturales, formando un círculo vicioso que agrava los problemas. La superpoblación provoca una sobrecarga de recursos e infraestructuras, malas condiciones de vida y un aumento de la contaminación, entre otras cosas. También plantea problemas éticos en relación con la distribución de los recursos, ya que algunas zonas pueden estar superpobladas mientras que otras pueden tener un exceso de recursos. Se han realizado diversos esfuerzos para hacer frente a la superpoblación, como programas de planificación familiar, educación y desarrollo económico, entre otros, pero el problema persiste. Es necesario un enfoque global e integrado para garantizar que la población humana sea sostenible y capaz de alcanzar una alta calidad de vida sin comprometer el bienestar de otras especies y del medio ambiente. La colonización de Marte puede verse como una solución potencial a la superpoblación, pero no debe considerarse como un sustituto para abordar las causas profundas de la superpoblación y los problemas asociados.

CONSECUENCIAS DE LA SUPERPOBLACIÓN: FALTA DE RECURSOS, CONTAMINACIÓN Y CAMBIO CLIMÁTICO

Las consecuencias de la superpoblación son vastas y de gran alcance, y afectan a todo, desde la disponibilidad de recursos hasta el cambio climático. La demanda de recursos es quizá uno de los problemas más inmediatos y acuciantes que plantea el crecimiento de la población. A medida que aumenta el número de personas que necesitan alimentos, agua y otras necesidades, aumenta la presión sobre los recursos naturales del planeta. Esto ha llevado a la sobrepesca, la deforestación y el uso excesivo de los recursos de agua dulce. A su vez, esto ha contribuido a la pérdida de biodiversidad, a la degradación del suelo y a la disminución de la calidad del aire y del agua. La contaminación es otra de las principales consecuencias de la superpoblación. A medida que más personas utilizan combustibles fósiles y otros recursos no renovables, las emisiones resultantes contribuyen a la contaminación atmosférica y al cambio climático. Las emisiones resultantes contribuyen a la contaminación atmosférica y al cambio climático. La industrialización, la urbanización y el transporte también emiten cantidades significativas de contaminantes nocivos, que pueden tener graves consecuencias para la salud pública. El auge del consumismo y de la cultura de usar y tirar también ha provocado un aumento de la producción de residuos, agravando aún más el problema de la contaminación. La superpoblación ha desempeñado un papel importante en el cambio climático. A medida que más personas consumen recursos y emiten gases de efecto invernadero, la tendencia al calentamiento resultante puede causar desastres medioambientales como sequías, inundaciones y fenómenos meteorológicos graves. El cambio climático también supone una amenaza para la supervivencia de las especies, sobre todo las que dependen de hábitats específicos que pueden verse afectados por los cambios de temperatura. La superpoblación supone una importante amenaza para la salud ecológica del planeta y el bienestar de la sociedad humana, lo que hace cada vez más acuciante la necesidad de explorar opciones alternativas, como la colonización de Marte.

POSIBLES SOLUCIONES: VIDA SOSTENIBLE, CONTROL DE LA NATALIDAD Y MIGRACIÓN A OTROS PLANETAS

La vida sostenible, el control de la natalidad y la migración a otros planetas son posibles soluciones para mitigar los efectos de la superpoblación. La vida sostenible requiere un menor consumo de recursos finitos como los combustibles fósiles, el agua y la tierra mediante la reutilización y el reciclaje de estos recursos. Es importante reducir la huella de carbono de la humanidad para limitar los efectos del calentamiento global a corto y largo plazo. El control de la natalidad por otra parte limitaría la tasa de crecimiento de las poblaciones humanas, frenando el agotamiento de los recursos y permitiendo que los recursos restantes se mantengan a más largo plazo. También promovería la igualdad de género y permitiría a las mujeres la libertad de elegir su comportamiento reproductivo. La migración a otros planetas, aunque no sea una solución a corto plazo teniendo en cuenta los retos de la terraformación y lo costoso de los viajes espaciales, serviría como solución a largo plazo para la humanidad. Explorar otros planetas y sus recursos podría proporcionar una plataforma para reducir la presión y la competencia por los recursos en la Tierra y dar a la humanidad una oportunidad de sobrevivir sin los efectos negativos del calentamiento global, la superpoblación y el agotamiento de los recursos. La migración a otros planetas no resolvería el problema de la superpoblación en la Tierra en un futuro previsible. Las tres soluciones sugieren la

29

necesidad de un enfoque multidisciplinar, de modo que cada solución complemente a la otra, proporcionando así a la humanidad la oportunidad de prosperar en un futuro sostenible.

La colonización de Marte se ha convertido en un tema cada vez más popular en los últimos años, a medida que la humanidad se esfuerza por encontrar soluciones a los problemas a los que se enfrenta actualmente. Con la superpoblación, el agotamiento de los recursos naturales y el calentamiento global amenazando la supervivencia de nuestra especie, la búsqueda de opciones más allá de nuestro planeta se ha convertido no sólo en una posibilidad, sino en una necesidad. Aunque algunos sigan mostrándose escépticos ante la idea de vida en Marte, descubrimientos recientes sugieren que puede ser posible mantener la vida en el planeta rojo. De hecho, la colonización de Marte conlleva una serie de ventajas que podrían beneficiar a la humanidad no sólo a corto plazo, sino durante generaciones.

Una de las mayores ventajas de colonizar Marte es la posibilidad de preservar la vida más allá de la Tierra. Con el estado actual del planeta, cada vez es más probable que nos quedemos sin recursos y nos enfrentemos a la extinción. Aquí es donde Marte entra en juego como posible reserva. A diferencia de otros planetas de nuestro sistema solar, Marte es el más parecido a la Tierra en cuanto a tamaño y composición. Tiene un ciclo día/noche similar al nuestro, una superficie rocosa e incluso una vez tuvo agua corriente. Aunque el entorno es hostil para la vida humana, los científicos ya han desarrollado una serie de tecnologías que podrían ayudarnos a sobrevivir allí, como sistemas que podrían crear aire respirable y producir alimentos y agua. Esto significa que, si la Tierra se volviera inhabitable en algún momento, la humanidad podría tener la oportunidad de empezar de nuevo en Marte. Otra ventaja de colonizar Marte es la oportunidad de realizar exploraciones y descubrimientos científicos. Marte ha sido durante mucho tiempo objeto de fascinación para astrónomos y científicos, y con razón. No sólo ofrece una gran cantidad de información sobre la historia y la formación de nuestro sistema solar, sino que también presenta una serie de incógnitas que podrían ser vitales para nuestra comprensión del universo y de nuestro lugar en él. Enviando más misiones, tripuladas o no, a Marte, podríamos descubrir más cosas sobre la geología del planeta, su atmósfera e incluso la posible existencia de vida. ¿Y quién sabe qué otros descubrimientos podrían hacerse por el camino? Quizá una de las razones más apremiantes para colonizar Marte sea el impacto que podría tener en nuestro propio planeta. Como seguimos consumiendo recursos y produciendo residuos a un ritmo alarmante, el medio ambiente está cada vez más dañado. Factores como la deforestación, la contaminación y el cambio climático ya están alterando nuestro planeta de forma irreparable, y parece que nos dirigimos hacia un punto sin retorno. La colonización de Marte podría aliviar la presión sobre nuestro planeta y darle la oportunidad de recuperarse. Podríamos extraer recursos y materias primas del entorno marciano, reduciendo nuestra dependencia de los preciados recursos de la Tierra. Y, por supuesto, existe la posibilidad de que descubramos nuevas tecnologías y formas de vida que nos ayuden a reducir nuestro propio impacto sobre el medio ambiente. Por supuesto, hay muchos retos asociados a la colonización de Marte, muchos de los cuales se desconocen actualmente. Por un lado, la distancia entre Marte y la Tierra supone un enorme obstáculo logístico. Nuestras naves espaciales actuales son capaces de viajar a velocidades de unos 40.000 kilómetros por hora, lo que significa que tardaríamos meses o incluso años en llegar a Marte. Y una vez allí, sería extremadamente difícil establecer un entorno sostenible que pudiera sustentar la vida humana durante largos periodos de tiempo. Actualmente se desconocen los riesgos potenciales para la salud asociados a la vida en Marte. Este planeta tiene menos atmósfera que la Tierra, lo que significa que los niveles de radiación son mucho más elevados. Marte tiene una gravedad más débil que la Tierra, lo que puede provocar la pérdida de masa muscular y ósea con el tiempo. A pesar de estos retos, la idea de colonizar Marte sigue siendo increíblemente atractiva. Para muchos, representa un faro de esperanza en un mundo por lo demás sombrío. Aunque puede que no sea la solución perfecta a todos nuestros problemas, ofrece una posible red de seguridad para la humanidad y la oportunidad de explorar y descubrir más allá de nuestro propio planeta. También puede servir como catalizador de nuevas tecnologías y formas de pensar que podrían ayudarnos a crear un futuro más sostenible. Y en un momento en que la supervivencia misma de nuestra especie está en entredicho, puede ser la única esperanza que nos queda.

III. AGOTAMIENTO DE LOS RECURSOS NATURALES

El agotamiento de los recursos naturales es una amenaza innegable para la supervivencia de nuestro planeta. Desde los bosques hasta los océanos, los recursos naturales se han explotado durante siglos para sostener la civilización. Con el aumento de la población humana y la tecnología avanzada, el ritmo de agotamiento de los recursos se ha disparado. Uno de los ejemplos más alarmantes es el agotamiento de combustibles fósiles como el petróleo, el gas y el carbón. Estos recursos no renovables se han extraído sin tener en cuenta su carácter finito, lo que ha provocado su rápido agotamiento. La producción de gases de efecto invernadero emitidos por la combustión de estos combustibles fósiles ha sido una de las principales causas del calentamiento global. Otro ejemplo es la explotación de los bosques, que proporcionan servicios ecosistémicos esenciales como el secuestro de carbono, la regulación del agua y la biodiversidad. La deforestación ha provocado daños irreversibles en nuestro medio ambiente, causando la erosión del suelo, la pérdida del hábitat de la fauna y la biodiversidad y la disminución de la calidad del agua. La explotación de los océanos para la pesca y otros recursos ha dado lugar a prácticas insostenibles, causando importantes descensos en las poblaciones de peces e impactando negativamente en los ecosistemas marinos. El agotamiento de los recursos naturales no sólo repercute en el medio ambiente, sino también en las vidas humanas, afectando tanto a la salud como a la economía. Con el agotamiento de los recursos naturales, se ve amenazado el acceso a necesidades básicas como la alimentación, el agua y la vivienda. El agotamiento de los recursos naturales plantea un reto importante y acuciante que debe abordarse para garantizar la supervivencia de nuestro planeta y la prosperidad de las generaciones venideras.

EXPLICACIÓN DE AGOTAMIENTO DE LOS RECURSOS NATURALES

El agotamiento de los recursos naturales se refiere al proceso por el cual los recursos finitos de la Tierra se utilizan a un ritmo más rápido del que pueden reponerse. Esto puede ocurrir por diversas razones, como la sobrepesca, la deforestación y la minería, entre otras. Cuando los recursos naturales como la madera, el petróleo, el agua y los minerales se extraen del medio ambiente a un ritmo que supera su tasa de reposición natural, se vuelven escasos. El agotamiento de los recursos naturales amenaza la supervivencia de varias especies que dependen de estos recursos para sus necesidades básicas, como alimentos, refugio y agua potable. Está estrechamente relacionado con el crecimiento de la población humana y la industrialización. A medida que la población mundial sigue creciendo, aumenta la demanda de recursos naturales, lo que ejerce una mayor presión sobre los recursos del planeta. Actividades humanas como la quema de combustibles fósiles, la industrialización y la urbanización han provocado el agotamiento de los recursos naturales y la degradación del medio ambiente. Los combustibles fósiles como el carbón, el petróleo y el gas natural son recursos finitos que se agotan mucho más rápido de lo que pueden reponerse. El agotamiento de los combustibles fósiles es motivo de gran preocupación, ya que estos recursos son una fuente primaria de energía para los procesos industriales, el transporte y la generación de electricidad. Además de los combustibles fósiles, otros recursos naturales como el agua dulce, la madera y los minerales

35

también corren el riesgo de agotarse debido a su uso excesivo y a prácticas de extracción insostenibles. En algunas regiones, la sobreexplotación de recursos ha provocado una grave escasez de agua, la erosión del suelo y la deforestación. El agotamiento de estos recursos puede provocar la degradación del medio ambiente, la pérdida de biodiversidad y el colapso de los ecosistemas. El agotamiento de los recursos naturales tiene varias repercusiones negativas en la sociedad humana, entre ellas la pérdida de los medios de subsistencia de millones de personas que dependen de los recursos naturales para sobrevivir. El agotamiento de la pesca, por ejemplo, no sólo amenaza la supervivencia de las especies de peces, sino también los medios de subsistencia de los pescadores que dependen de la pesca para sus ingresos. El agotamiento de los recursos terrestres debido a la deforestación conduce a la erosión del suelo, la desertificación y la pérdida de tierras agrícolas, lo que puede afectar a la seguridad alimentaria y aumentar el riesgo de hambruna. El agotamiento de los recursos naturales está relacionado con el calentamiento global, que agrava aún más la degradación medioambiental. La quema de combustibles fósiles libera gases de efecto invernadero a la atmósfera, que atrapan el calor y provocan el aumento de la temperatura de la Tierra. El calentamiento global afecta a los patrones meteorológicos, al nivel del mar y a los ecosistemas, provocando desastres naturales más graves y frecuentes, como sequías, inundaciones, huracanes e incendios forestales. El agotamiento de los recursos naturales es una gran preocupación para la supervivencia de la humanidad y del planeta. El uso insostenible de los recursos naturales está ejerciendo una inmensa presión sobre el medio ambiente y los ecosistemas, amenazando la supervivencia de diversas especies

y de la sociedad humana. Actividades humanas como el crecimiento demográfico, la urbanización y la industrialización están
acelerando el agotamiento de los recursos naturales, por lo que
es necesario tomar medidas urgentes para hacer frente a este
problema. La adopción de prácticas sostenibles como las energías renovables, la conservación y el uso eficiente de los recursos
es crucial para evitar el agotamiento de los recursos naturales y
garantizar la sostenibilidad de la sociedad humana.

EFECTOS DEL AGOTAMIENTO: ESCASEZ DE RECURSOS Y DAÑO AMBIENTAL

La superpoblación ha provocado el agotamiento de los recursos naturales de la Tierra, lo que tiene graves consecuencias, como la escasez de recursos y la destrucción del medio ambiente. La población mundial ha aumentado exponencialmente en las últimas décadas, lo que ha supuesto una demanda abrumadora de los recursos del planeta. A medida que las personas consumen más alimentos y energía, los recursos disponibles para sostener la vida en la Tierra se han vuelto escasos. Por ejemplo, la demanda de agua ha aumentado considerablemente con el crecimiento de la población, lo que ha provocado escasez de agua y conflictos por los recursos hídricos. El agotamiento de los recursos naturales también ha provocado la destrucción del medio ambiente, como la pérdida de biodiversidad, la deforestación, la contaminación y el cambio climático. Estos retos medioambientales han causado daños generalizados, afectando de forma desproporcionada a las comunidades vulnerables y exacerbando la desigualdad social. El agotamiento de los recursos y la destrucción del medio ambiente pueden tener consecuencias de largo alcance para los ecosistemas del planeta y su capacidad para sustentar la vida. La pérdida de biodiversidad puede provocar la pérdida de importantes servicios ecosistémicos, como la polinización y la fertilidad del suelo, que son esenciales para la agricultura y la producción de alimentos. La deforestación puede provocar la erosión del suelo, causando corrimientos de tierra y reduciendo la capacidad del suelo para almacenar carbono y regular el ciclo del agua. La contaminación del aire, el agua y el suelo puede tener graves consecuencias para la salud de los seres humanos y la fauna silvestre y provocar la pérdida de servicios ecosistémicos. El cambio climático, causado por la acumulación de gases de efecto invernadero en la atmósfera, puede provocar un aumento de las temperaturas y del nivel del mar, fenómenos meteorológicos más frecuentes y graves, y la pérdida de hábitats para especies vegetales y animales. Estas consecuencias del agotamiento y la destrucción del medio ambiente están estrechamente interrelacionadas y tienen implicaciones complejas y duraderas para el futuro de la humanidad y del planeta. El agotamiento de los recursos y la destrucción del medio ambiente también tienen implicaciones sociales, económicas y políticas. Los conflictos por los recursos pueden provocar malestar social, desplazamientos y migraciones forzosas. La pérdida de servicios ecosistémicos puede reducir la productividad agrícola y elevar los precios de los alimentos, afectando a las poblaciones vulnerables que dependen de la agricultura de subsistencia. Los problemas medioambientales pueden exacerbar las desigualdades sociales y agravar la pobreza, sobre todo en los países de renta baja, que son los más afectados por el cambio climático y la degradación del medio ambiente. El agotamiento de los recursos naturales y la destrucción del medio ambiente causados por la superpoblación suponen una importante amenaza para la humanidad y el planeta. Las consecuencias del agotamiento son complejas y de gran alcance, y afectan no sólo al medio ambiente sino también al bienestar social y económico. La colonización de Marte puede ofrecer una solución a algunos de estos retos; No debe considerarse como un sustituto para abordar las causas profundas del agotamiento y la

destrucción medioambiental en la Tierra. En su lugar, debería-
mos centrarnos en promover el desarrollo sostenible, reducir las
emisiones de gases de efecto invernadero y proteger los ecosistemas naturales para garantizar la supervivencia de la humanidad y del planeta.

POSIBLES SOLUCIONES: CONSERVACIÓN, ENERGÍAS RENOVABLES Y ASIGNACIÓN DE RECURSOS

Para aliviar el impacto de la superpoblación y el agotamiento de los recursos naturales en la Tierra, se han propuesto varias soluciones potenciales, como la conservación, las energías renovables y la asignación de recursos. Los esfuerzos de conservación pueden incluir la reducción de residuos, la promoción de la agricultura sostenible y la protección de especies y hábitats en peligro de extinción. Las fuentes de energía renovables, como la eólica, la solar y la hidráulica, también pueden ayudar a reducir la demanda de combustibles fósiles y mitigar así los efectos del cambio climático. Las estrategias de asignación de recursos, como el uso más eficiente del agua, la implantación de programas de reciclaje y la regulación del crecimiento demográfico, también pueden utilizarse para hacer frente a la superpoblación y al agotamiento de los recursos. Aunque estas soluciones pueden ayudar a mitigar los efectos de la superpoblación y el agotamiento de los recursos en la Tierra, su eficacia puede verse limitada, especialmente ante una población en constante crecimiento. Por otra parte, aunque la esperanza puede descansar en la colonización de Marte, es importante recordar que cualquier esfuerzo de colonización exitoso probablemente requerirá una inversión aún mayor en conservación, energía renovable y asignación de recursos con el fin de garantizar la supervivencia y la sostenibilidad del entorno marciano. Está claro que para hacer frente a la superpoblación y al agotamiento de los recursos será necesario un enfoque polifacético que implique esfuerzos individuales y colectivos para reducir los residuos y aumentar la eficiencia, junto con cambios más sistémicos en la forma en que gestionamos y asignamos nuestros recursos naturales. La colonización de Marte ha llamado la atención como posible solución a los crecientes problemas de superpoblación, agotamiento de los recursos naturales y calentamiento global. Ofrece la oportunidad de crear un nuevo entorno habitable en el que los seres humanos podrían prosperar y, al mismo tiempo, preservar el planeta Tierra para las generaciones futuras. La idea de colonizar Marte existe desde hace varias décadas, pero ha cobrado impulso en los últimos años debido a los avances tecnológicos y a la creciente preocupación por la sostenibilidad de la vida en la Tierra. En la carrera por colonizar Marte, hay varios retos clave que deben abordarse. Uno de los más importantes es la limitada disponibilidad de los recursos necesarios para mantener la vida humana, como alimentos, agua y energía. Marte no tiene atmósfera respirable y su suelo es tóxico para las plantas, lo que dificulta los cultivos. Será necesario desarrollar métodos para producir alimentos y obtener agua, posiblemente mediante el uso de la hidroponía, la recuperación de agua y las tecnologías de terraformación. La energía también es un recurso crítico, y será necesario desarrollar métodos sostenibles para producirla, por ejemplo, mediante energía solar. Otro reto importante son las duras condiciones ambientales de Marte, como las temperaturas extremas, la exposición a la radiación y las tormentas de polvo. Será necesario desarrollar nuevas tecnologías para proteger a los humanos de estas condiciones, como la creación de estructuras a prueba de radiación y que puedan soportar el duro entorno marciano. Cualquier colonización humana de Marte debe llevarse a cabo de manera sostenible y ética, garantizando que no perjudique al entorno marciano ni a sus posibles habitantes. La colonización de Marte requerirá una cuidadosa planificación y coordinación por parte de organizaciones internacionales, gobiernos y empresas privadas para garantizar su éxito y el bienestar de sus habitantes. A pesar de estos retos, los beneficios potenciales de la colonización de Marte son inmensos, incluyendo la expansión del conocimiento humano, asegurando la supervivencia de nuestra especie, y dando lugar a avances tecnológicos que pueden beneficiarnos en la Tierra. Es imperativo que sigamos adelante con esta empresa con el máximo cuidado y responsabilidad. La colonización de Marte representa una oportunidad única para abordar algunas de las preocupaciones más acuciantes de la humanidad al tiempo que nos embarcamos en una nueva frontera de exploración y descubrimiento.

IV. CALENTAMIENTO GLOBAL

El calentamiento global, también conocido como cambio climático, es una de las preocupaciones más acuciantes de la humanidad. Se trata del aumento gradual de la temperatura media de la superficie de la Tierra causado por los gases de efecto invernadero. Estos gases, como el dióxido de carbono, el metano y el óxido nitroso, atrapan el calor en la atmósfera, lo que provoca un efecto general de calentamiento. Aunque algunos pueden argumentar que el calentamiento global es un fenómeno natural, es difícil ignorar las pruebas científicas que apuntan a las actividades humanas como el principal contribuyente al aumento de estos gases de efecto invernadero en la atmósfera. La quema de combustibles fósiles para la producción de energía, el transporte, la deforestación y la intensificación de la agricultura son algunas de las actividades humanas que contribuyen al aumento de los gases de efecto invernadero en la atmósfera. Si no se controla, el calentamiento global tendrá efectos medioambientales adversos, como la subida del nivel del mar, la acidificación de los océanos, condiciones meteorológicas más frecuentes y severas y la extinción de varias especies. Las consecuencias de estos impactos serán de gran alcance y devastadoras. No obstante, aún hay esperanzas de que la humanidad pueda mitigar los efectos del calentamiento global mediante una combinación de iniciativas, como la transición a fuentes de energía más limpias y renovables, la reducción de las emisiones de gases de efecto invernadero, la reforestación y la adopción de estilos de vida sostenibles. Esto debe realizarse a escala mundial para lograr avances significativos hacia un futuro más sostenible.

DEFINICIÓN DEL CALENTAMIENTO GLOBAL

El calentamiento global se refiere al aumento a largo plazo de la temperatura media de la superficie de la Tierra, debido principalmente a la acumulación de gases de efecto invernadero en la atmósfera. Estos gases, como el dióxido de carbono, el metano y el óxido nitroso, atrapan el calor del sol e impiden que vuelva al espacio. Las actividades humanas, como la quema de combustibles fósiles, la deforestación y los procesos industriales, han aumentado drásticamente la concentración de estos gases de efecto invernadero en la atmósfera, provocando un aumento de la temperatura global. Este aumento de la temperatura puede tener repercusiones de gran alcance en el clima de la Tierra, como el deshielo de los casquetes polares, la subida del nivel del mar, fenómenos meteorológicos más frecuentes y graves, y cambios en los patrones de precipitaciones. Aunque todavía hay cierto debate sobre la magnitud exacta del efecto que los humanos están teniendo en el calentamiento global, el consenso científico abrumador es que se está produciendo y que supone una amenaza significativa para el planeta. Se han propuesto muchas soluciones para ayudar a mitigar los efectos del calentamiento global, como reducir nuestra dependencia de los combustibles fósiles, reducir las emisiones de la agricultura y utilizar tecnologías de captura y almacenamiento de carbono. A medida que las temperaturas siguen subiendo y los efectos se hacen más graves, se hace cada vez más urgente tomar medidas más agresivas para hacer frente a este problema.

CALENTAMIENTO GLOBAL: SUBIDA DEL NIVEL DEL MAR, FENÓMENOS METEOROLÓGICOS EXTREMOS Y ALTERACIÓN DE LOS ECOSISTEMAS

El calentamiento global sigue provocando diversas consecuencias, desde la subida del nivel del mar hasta fenómenos meteorológicos extremos y alteraciones de los ecosistemas. El aumento del nivel del mar debido al deshielo de glaciares y capas de hielo es uno de los efectos más importantes del calentamiento global en las regiones costeras del mundo. Los científicos predicen que, para finales de siglo, los mares podrían subir hasta un metro, lo que provocaría un impacto significativo en las comunidades costeras. La erosión costera, las inundaciones y la intrusión de agua salada en las fuentes de agua dulce son sólo algunos de los problemas que se prevé que se agraven debido a la subida del nivel del mar. El calentamiento global está intensificando los fenómenos meteorológicos extremos como huracanes, tifones, sequías, inundaciones y olas de calor, lo que provoca devastadores impactos sociales, económicos y ambientales. En 2018, los desastres naturales causados por el cambio climático desencadenaron pérdidas por valor de 155.000 millones de dólares en todo el mundo, frente a los 143.000 millones de 2017. El calentamiento global también se asocia con alteraciones en los ecosistemas, como la deforestación, el blanqueamiento de los arrecifes de coral, la pérdida de biodiversidad y las floraciones de algas. El cambio climático está provocando la migración de especies, lo que está reorganizando los ecosistemas en todo el mundo y amenazando la supervivencia de muchas especies. Estos efectos, a su vez, repercuten en las fuentes de alimentos, el agua y la seguridad de los seres humanos. En resumen, las consecuencias del calentamiento global son amplias y afectan a las esferas social, económica y medioambiental. Las comunidades, los gobiernos y los individuos deben tomar medidas inmediatas para mitigar estos impactos.

POSIBLES SOLUCIONES: REDUCCIÓN DE LAS EMISIONES DE CARBONO, USO DE ENERGÍAS LIMPIAS Y TECNOLOGÍA DE CAPTURA DE CARBONO

La actual crisis climática es sin duda una de las mayores amenazas a las que se enfrenta la humanidad hoy en día. La temperatura de la Tierra ya ha aumentado cerca de 1 °C y, si se mantiene el ritmo actual de emisiones de carbono, se prevé que aumente hasta 3,2 °C a finales de este siglo. Para evitar consecuencias catastróficas, es esencial reducir las emisiones de gases de efecto invernadero. La tecnología de captura de carbono es una de las muchas herramientas disponibles para ayudarnos a lograr este objetivo. Consiste en capturar el dióxido de carbono de diversos procesos industriales, como las centrales eléctricas, y almacenarlo en depósitos subterráneos. Aunque esta tecnología aún está todavía está en sus primeras fases y se enfrenta a retos técnicos y económicos, tiene potencial para desempeñar un papel importante en la reducción de las emisiones de carbono. Otro planteamiento prometedor es recurrir a fuentes de energía limpias, como la solar, la eólica y la geotérmica, para sustituir a los combustibles fósiles que actualmente dominan nuestra combinación energética. Para lograr esta transición a la energía limpia, los gobiernos de todo el mundo deben emprender iniciativas políticas audaces, como la introducción de impuestos sobre el carbono y la inversión en investigación y desarrollo de nuevas tecnologías de energía limpia. Debe producirse una reducción significativa de las emisiones mundiales de carbono. Esto puede lograrse reduciendo drásticamente la frecuencia con la que los individuos utilizan los automóviles personales, fomentando el uso de medios de transporte alternativos respetuosos con el medio ambiente y la adopción de estilos de vida más ecológicos. La lucha contra el cambio climático requiere un esfuerzo colectivo de todos nosotros. Si adoptamos estas soluciones, podremos hacer del planeta Tierra un lugar más sostenible y habitable para nosotros y para las generaciones futuras. A medida que el impacto de la humanidad sobre la Tierra se hace cada vez más evidente, muchos se vuelven hacia la idea de colonizar Marte como solución a los problemas de superpoblación, agotamiento de los recursos naturales y calentamiento global. Aunque pueda parecer ciencia ficción, hay muchas razones por las que Marte podría ser una opción viable para futuros asentamientos humanos. Para empezar, Marte tiene una serie de similitudes con la Tierra que lo convierten en un entorno más hospitalario que otros posibles lugares, como la Luna. Por ejemplo, Marte tiene una atmósfera ligeramente más densa, lo que podría proporcionar cierta protección contra la radiación dañina que bombardea la superficie del planeta. Marte también tiene un ciclo día/noche similar al de la Tierra, lo que podría ayudar a regular los ciclos de sueño de los colonos. Marte tiene abundante agua en forma de hielo, que podría utilizarse para beber, cultivar y crear combustible para cohetes. Otra razón por la que Marte es una opción atractiva para la colonización es que tiene una serie de recursos que podrían extraerse y utilizarse para mantener un asentamiento humano. Marte es rico en hierro, que podría utilizarse para construir edificios e infraestructuras, así como en metales preciosos como el oro y el platino, que podrían extraerse y comercializarse. Marte también tiene una cantidad significativa de dióxido de carbono en su atmósfera, que podría convertirse en oxígeno respirable y utilizarse para cultivar plantas. Por supuesto, el reto de colonizar Marte no es insignificante. El viaje a Marte en sí sería un gran obstáculo, ya que se tarda unos seis meses en viajar de la Tierra a Marte con la tecnología actual. Una vez allí, los colonos tendrían que construir una comunidad autosuficiente que pudiera sobrevivir en el duro entorno marciano. Para ello sería necesario desarrollar sistemas avanzados de soporte vital, como la producción de alimentos, la gestión de residuos y el reciclado del aire. Los colonos también tendrían que prepararse para las condiciones climáticas extremas de Marte, como tormentas de polvo, temperaturas extremas y baja presión atmosférica. A pesar de estas dificultades, la idea de colonizar Marte ha cobrado fuerza en los últimos años, y tanto empresas privadas como gobiernos nacionales han anunciado planes de misiones al Planeta Rojo. En 2020, la NASA lanzó el Mars Perseverance Rover, que buscará indicios de vida antigua y recogerá muestras que podrían ser devueltas a la Tierra para su posterior estudio. La misión Marte 2020 también incluye un pequeño helicóptero no tripulado que intentará volar en la fina atmósfera marciana, demostrando la viabilidad del vuelo propulsado en otro planeta. Empresas privadas como SpaceX, fundada por Elon Musk, también están dando pasos importantes en el desarrollo de naves espaciales y tecnologías que podrían permitir la colonización humana de Marte. SpaceX ha anunciado planes para enviar una misión tripulada a Marte ya en 2024, utilizando su nave Starship y su cohete Super Heavy. El objetivo final de la empresa es establecer una ciudad autosuficiente en Marte, con miles de habitantes viviendo permanentemente en el planeta. Aunque es innegable que la idea de colonizar Marte es apasionante, también existen dudas válidas sobre la ética y la viabilidad de tal empresa. Algunos han argumentado que centrarse en Marte desvía la atención de los esfuerzos por resolver los problemas de la Tierra, como la pobreza, la desigualdad y la degradación medioambiental. Otros han expresado su preocupación por el posible impacto ecológico de introducir vida humana en un entorno prístino como Marte, y la posibilidad de contaminar el planeta con microbios terrestres que podrían complicar futuras exploraciones científicas. A pesar de estas preocupaciones, la perspectiva de colonizar Marte sigue siendo un potente símbolo de la ambición y el ingenio humanos. Es una visión de un futuro en el que los humanos no sólo sobreviven, sino que prosperan en un nuevo mundo más allá del nuestro. Aún está por ver si esta visión se hace realidad, pero no cabe duda de que la exploración del espacio y la búsqueda de nuevas fronteras seguirán cautivándonos e inspirándonos durante generaciones.

V. COLONIZAR MARTE COMO POSIBLE SOLUCIÓN

Una posible solución a la grave situación medioambiental mundial es la colonización de Marte. Aunque pueda parecer una idea descabellada y poco realista, el concepto de colonización de Marte ha sido estudiado e investigado ampliamente por científicos e ingenieros durante muchos años. La idea de iniciar una nueva civilización en Marte ofrece numerosas ventajas, como la creación de una sociedad autosuficiente e independiente, el descubrimiento de nuevos conocimientos científicos y la posibilidad de ampliar el conocimiento humano del universo. La colonización de Marte podría servir de salvaguarda frente a posibles acontecimientos de ex- tinción terrestre, como pandemias globales o impactos de meteoritos. Como posible solución a los retos de la superpoblación, el agotamiento de los recursos naturales y el calentamiento global, la colonización de Marte podría ofrecer una nueva esperanza para el futuro de la humanidad. A primera vista, la idea de colonizar Marte puede parecer un sueño descabellado, pero el concepto existe desde hace muchos años. El Programa de Exploración de Marte de la NASA lleva décadas investigando y explorando Marte, con el objetivo último de acabar enviando seres humanos al planeta. Muchas otras empresas privadas, como SpaceX y Blue Origin, también han expresado su interés en colonizar Marte en el futuro. Gracias a una amplia investigación y a los avances tecnológicos, hemos llegado a comprender mejor el entorno del planeta y cómo podría servir potencialmente de nuevo hogar para la humanidad. Una de las ventajas más significativas de colonizar Marte es la posibilidad de crear una sociedad autosuficiente e independiente. Mediante el desarrollo de las infraestructuras y sistemas necesarios, como la agricultura, la producción de agua y aire y la generación de energía, una colonia en Marte podría llegar a ser totalmente autosuficiente. Esto permitiría establecer una sociedad estable que no dependiera de los limitados recursos de la Tierra y que pudiera funcionar independientemente de cualquier posible catástrofe en la Tierra. La creación de una sociedad autosuficiente en Marte podría servir como modelo de cómo la humanidad puede vivir de forma sostenible e independiente, inspirando potencialmente desarrollos similares en la Tierra. Además de servir como modelo potencial de vida sostenible, la colonización de Marte podría ofrecer grandes oportunidades para el descubrimiento y la exploración científicos. El entorno único del planeta ofrece muchas oportunidades de investigación en campos como la geología, la meteorología y la astrobiología. El estudio de Marte también podría aportar valiosos conocimientos sobre la formación y evolución del sistema solar, ampliando nuestra comprensión de los misterios del universo. La colonización de Marte podría conducir en última instancia a la creación de nuevas tecnologías e innovaciones que podrían tener aplicaciones potenciales en la Tierra. Quizá la ventaja más significativa de la colonización de Marte sea el papel que podría desempeñar en la protección de la humanidad frente a posibles episodios de extinción. La Tierra ha sufrido numerosas catástrofes a lo largo de su historia, desde pandemias y desastres naturales hasta impactos de asteroides. Estos sucesos podrían suponer un riesgo significativo para la supervivencia de la humanidad, por lo que resulta esencial establecer una sociedad independiente y autosuficiente fuera del planeta. Marte ofrece una opción viable para establecer una nueva civilización en caso de que algo catastrófico le ocurra a la Tierra. El establecimiento de una colonia en Marte podría permitir la creación de una red mundial de colonias que asegurase la supervivencia de la humanidad en caso de catástrofe global. Aunque la colonización de Marte ofrece muchas oportunidades, no está exenta de desafíos. El planeta tiene un entorno duro, con niveles peligrosos de radiación, intensas tormentas de polvo y fluctuaciones extremas de temperatura. Establecer una colonia en Marte exigiría superar importantes retos tecnológicos y de ingeniería, desde el desarrollo de una nave espacial adecuada hasta la construcción de una colonia sostenible y habitable en la superficie del planeta. El coste de tal empresa sería inmenso, con estimaciones que oscilan entre decenas de miles de millones y billones de dólares. A pesar de estos retos, los beneficios potenciales de la colonización de Marte la convierten en una consideración crucial para el futuro de la humanidad. El crecimiento exponencial de la población mundial, unido al creciente agotamiento de los recursos de la Tierra y a los efectos catastróficos del calentamiento global, han hecho que sea esencial considerar soluciones alternativas. Aunque existen muchas soluciones potenciales a estos retos, la colonización de Marte ofrece una oportunidad única para crear una nueva civilización totalmente autosuficiente e independiente. Los conocimientos científicos y las innovaciones tecnológicas que podrían derivarse de tal empresa tendrían importantes implicaciones para el futuro de la humanidad. La idea de colonizar Marte puede parecer una fantasía, pero es una idea que ha sido investigada y considerada por científicos e ingenieros durante muchos años. El establecimiento de una sociedad autosuficiente e independiente en Marte podría servir de modelo de vida sostenible y tener importantes implicaciones para el avance de nuestro conocimiento del universo. No hay que subestimar el papel que podría desempeñar la colonización de Marte para proteger a la humanidad de catástrofes. Aunque la colonización de Marte plantea importantes retos, dados los actuales desafíos medioambientales y el agotamiento de los recursos a los que nos enfrentamos, sigue siendo una opción crucial para garantizar la supervivencia de la humanidad.

ESTRATEGIAS CONTRA LA SUPERPOBLACIÓN, EL AGOTAMIENTO DE RECURSOS Y EL CALENTAMIENTO GLOBAL

El potencial de colonización de Marte podría hacer frente a las consecuencias de la superpoblación, el agotamiento de los recursos naturales y el calentamiento global. La superpoblación es un problema mundial crítico que está aumentando a un ritmo alarmante. Según las Naciones Unidas, se prevé que la población mundial alcance los 9.700 millones de habitantes en 2050, lo que supondrá una enorme presión sobre los recursos del planeta. La colonización de Marte podría ser una solución a este problema, ya que ofrece un nuevo hábitat para que los humanos vivan y trabajen. La gran extensión del planeta proporcionará espacio suficiente para albergar a la creciente población de la Tierra. Colonizar Marte también podría ofrecer nuevos territorios y recursos necesarios para mantener la vida humana a largo plazo. Las colonias humanas podrían aprovechar y utilizar de forma sostenible recursos marcianos como el agua, los metales y los minerales. Esto, a su vez, disminuiría la dependencia de la Tierra de unos recursos escasos y finitos, que se agotan cada vez más. El agotamiento de los recursos naturales es otro problema crítico que está afectando a la sostenibilidad del planeta. La superpoblación, la urbanización y la industrialización están causando un daño inmenso a los ecosistemas de la Tierra. Los expertos en cambio climático sostienen que es imperativo tomar medidas urgentes para garantizar la sostenibilidad del planeta. La colonización de Marte es una forma de abordar este problema. El uso de los recursos marcianos permitiría a los seres humanos disminuir su dependencia de los recursos naturales de la Tierra, reduciendo la presión sobre los ecosistemas del planeta. Los recursos del planeta podrían utilizarse de forma sostenible para minimizar la degradación medioambiental, lo que en última instancia fortalecería el funcionamiento ecológico a largo plazo. La colonización de Marte también puede ayudar a hacer frente al calentamiento global, que se ha convertido en una preocupación importante. Se cree que la quema de combustibles fósiles es la principal causa del cambio climático. A medida que los seres humanos intentan reducir su dependencia de estos combustibles, la transición a fuentes de energía renovables y limpias es imperativa. La colonización de Marte podría contribuir a este proceso al brindar la oportunidad de explorar nuevas fuentes de energía, como la solar, la nuclear y la geotérmica. La atmósfera y el clima del planeta presentan nuevos retos y oportunidades únicas para el aprovechamiento de la energía. El desarrollo y la aplicación de esta tecnología, que sería necesaria para colonizar Marte, también podría dar lugar a importantes avances tecnológicos que podrían beneficiar a los esfuerzos para hacer frente al cambio climático en la Tierra. La colonización de Marte podría contribuir a la investigación científica, los avances tecnológicos y la exploración espacial. La colonización de Marte podría apoyar la investigación científica del universo. Los científicos podrían investigar Marte científicamente y comprender los complejos procesos y reacciones químicas que son perjudiciales para el ser humano. Al comprender estas reacciones, los científicos pueden desarrollar nuevas técnicas para contrarrestar o reducir su impacto en la salud humana. A largo plazo, esto podría conducir al desarrollo de nuevas herramientas e innovaciones tecnológicas que podrían utilizarse en beneficio de la vida humana. Se espera que la colonización de Marte pueda desencadenar avances tecnológicos que enseñen a los científicos sobre el espacio y el universo, proporcionando información valiosa para los científicos que estudian la Tierra y el medio ambiente. El desarrollo de la tecnología necesaria para la colonización de Marte también puede conducir a la innovación de nuevos productos y servicios, que pueden beneficiar a la sociedad de diversas maneras. Colonizar Marte podría brindar la oportunidad de unir a la humanidad de un modo extraordinario. La colonización de Marte arroja una luz futurista y propone el sueño de los humanos viviendo en otro planeta. La colonización es un proceso largo y extenso que implica el trabajo conjunto de personas de distintos orígenes y disciplinas. Esto requeriría esfuerzos de colaboración internacional que podrían unir a la humanidad como nunca antes se ha visto. Los seres humanos llevan mucho tiempo fascinados por la idea del espacio y el universo, y Marte ofrecería una nueva oportunidad para que la gente trabajar juntos, aprender unos de otros y explorar lo desconocido. Al unirse para emprender este proyecto, es posible reunir y compartir ideas de diversos campos y comunidades, fomentando la resolución creativa de problemas y beneficiando a la raza humana en las generaciones venideras. La colonización de Marte encierra un inmenso potencial, como compensar las consecuencias de la superpoblación, el agotamiento de los recursos naturales y el calentamiento global. La colonización de Marte proporcionaría a la humanidad un nuevo hábitat, esencial para la supervivencia a largo plazo de nuestra especie. Presenta un medio integral de aprendizaje sobre el universo, la ciencia, la tecnología y los recursos avanzados que podría conducir a mayores avances en innovación, herramientas y servicios. Aunque la colonización de Marte sigue estando en sus primeras etapas, proporciona esperanza y una visión de un futuro próspero para la humanidad.

HISTORIA DE LA EXPLORACIÓN Y POTENCIAL DE LA COLONIZACIÓN DE MARTE

La historia de la exploración de Marte se remonta al siglo XVII, cuando un astrónomo holandés, Christiaan Huygens, descubrió la existencia del planeta a través de su telescopio. No fue hasta la década de 1960 cuando la humanidad realizó avances significativos en la exploración del planeta. La Unión Soviética lanzó múltiples sondas a Marte, y su Mariner 4 se convirtió en la primera nave espacial en captar imágenes cercanas de la superficie del planeta en 1964. Estados Unidos también lanzó varias sondas, siendo la Viking 1 la primera en aterrizar con éxito en la superficie de Marte en 1976. A lo largo de los años, se han llevado a cabo otras misiones con el objetivo de obtener más información sobre la geología, la atmósfera y la posibilidad de vida en Marte. La más reciente y destacada es Perseverance, el explorador de Marte de la NASA, que aterrizó en la superficie del planeta en febrero de 2021 y actualmente explora el cráter Jezero en busca de indicios de vida microbiana en el pasado.

La posibilidad de colonizar Marte ha sido un tema de interés entre investigadores y entusiastas de la ciencia durante décadas. Aunque el Planeta Rojo presenta numerosos retos que deben superarse antes de que la colonización sea posible, como su duro entorno, su fina atmósfera y la falta de oxígeno y agua, los beneficios potenciales son enormes. Por un lado, Marte tiene un día de 24,6 horas y está ligeramente más alejado del Sol que la Tierra, lo que le confiere un clima similar al terrestre. Marte tiene vastos recursos naturales, como el hierro, el aluminio y el titanio, que pueden utilizarse para construir infraestructuras. Por otra parte, la colonización de Marte también serviría como plan de reserva para la Tierra en caso de catástrofe, como el impacto masivo de un asteroide o la erupción de un supervolcán, que podrían hacer inhabitable la Tierra. El programa de exploración de Marte de la NASA, junto con los de otras naciones, no se centra únicamente en encontrar formas de sustentar la vida humana en el planeta, sino también en comprender Marte como planeta y como fuente potencial de recursos útiles para la Tierra. Según la NASA, la tecnología desarrollada para explorar y vivir en Marte también podría utilizarse para afrontar retos en la Tierra, desde el desarrollo de fuentes de energía nuevas y eficientes hasta el avance del desarrollo agrícola sostenible en entornos hostiles. Los beneficios de la exploración espacial no se detienen en el descubrimiento y colonización de otro planeta, sino también en las tecnologías e innovaciones que se desarrollan en el proceso. A pesar de las dificultades potenciales de colonizar Marte, como su fina atmósfera y la falta de oxígeno y agua, los científicos e investigadores están trabajando en formas de superar estos retos. La misión Mars 2020 de la NASA, que lanzó Perseverance, también incluyó una demostración de un dispositivo llamado Moxie, que convierte el dióxido de carbono de la atmósfera de Marte en oxígeno. Esta tecnología podría utilizarse en el futuro para terraformar el planeta, creando un entorno más parecido al de la Tierra y más adecuado para la vida humana. Se ha investigado mucho sobre la creación de hábitats sostenibles en Marte, utilizando potencialmente la tecnología de impresión 3D para construir estructuras y empleando recursos locales, como el suelo marciano, para los materiales de construcción. La idea de crear una colonia autosuficiente en Marte no es nueva, y numerosas organizaciones han desarrollado propuestas sobre cómo lograrlo. SpaceX, fundada por el empresario Elon Musk, ha sido uno de los mayores defensores de la colonización de Marte. Musk afirma que la humanidad debe convertirse en una "especie multiplanetaria" si queremos garantizar nuestra supervivencia. El plan actual de SpaceX consiste en utilizar su nave espacial Starship, que aún no se ha desarrollado ni probado completamente, para transportar personas y recursos hacia y desde Marte. La empresa aspira a tener una colonia sostenible de hasta un millón de personas en el planeta para 2050. Este plan no está exento de polémica, ya que los críticos señalan los importantes costes y riesgos que entraña, así como la preocupación por el posible impacto medioambiental en el planeta. La historia de la exploración de Marte ha demostrado la fascinación de la humanidad por el Planeta Rojo y su potencial para una futura colonización. Aunque hay numerosos retos que superar antes de establecer una colonia sostenible en Marte, los beneficios potenciales son enormes, tanto en términos de investigación científica como en la posibilidad de garantizar la supervivencia de la humanidad en caso de catástrofes en la Tierra. La historia de la exploración espacial ha demostrado que las posibilidades de nuevos descubrimientos e innovaciones son infinitas y, por ello, es importante que sigamos ampliando los límites de nuestra comprensión del universo.

TIERRA vs. MARTE: CARACTERÍSTICAS Y DESAFÍOS DE LA EXPLORACIÓN

Cuando se trata de explorar y colonizar Marte, uno de los factores más críticos a tener en cuenta son las diferencias entre la Tierra y Marte. En muchos aspectos, Marte es similar a la Tierra, pero también presenta algunos retos únicos que deben abordarse. Una de las principales similitudes es que ambos planetas tienen días y noches, y su rotación alrededor del sol dura aproximadamente lo mismo. Marte, es mucho más pequeño que la Tierra, con un diámetro de sólo la mitad del de nuestro planeta. Este menor tamaño significa que tiene una atracción gravitatoria más débil, lo que a su vez repercute en su atmósfera y en su capacidad para retener el calor y el agua. Otra diferencia importante es que Marte tiene una atmósfera mucho más fina que la Tierra, con menos del 1% de la presión atmosférica a nivel del mar en nuestro planeta. Esta delgada atmósfera significa que Marte carece de la capa protectora de ozono que absorbe los dañinos rayos ultravioleta del sol. Sin esta protección, los astronautas en Marte serían mucho más vulnerables a la exposición a la radiación, lo que podría tener graves consecuencias para la salud. La delgada atmósfera dificulta la respiración, ya que carece del oxígeno que abunda en la Tierra. Marte también tiene un clima diferente al de la Tierra, con temperaturas mucho más frías y patrones meteorológicos más extremos. La temperatura media en Marte ronda los -80 grados Fahrenheit, mucho más fría que en cualquier parte de la Tierra. Este frío extremo se debe en parte a la distancia de Marte al Sol, ya que está mucho más lejos que la Tierra, pero también se ve afectado por la delgada atmósfera y la falta de un campo magnético que lo proteja del viento solar. Este clima riguroso presenta una serie de retos únicos para cualquier misión que pretenda explorar o colonizar Marte. A pesar de estos retos, existen varias similitudes entre la Tierra y Marte que podrían convertirlo en un destino atractivo para la exploración humana. Una de las más intrigantes es la presencia de agua en Marte, confirmada por varias misiones. Aunque el agua de Marte no se encuentra en forma de océanos líquidos como en la Tierra, hay indicios de agua líquida bajo la superficie, así como capas de hielo en los polos. Esta agua es esencial para la vida, y podría utilizarse para sustentar la habitación humana en el planeta. Otra similitud es la presencia de minerales y otros recursos en Marte, como hierro, magnesio y silicio. Estos recursos podrían utilizarse para construir y mantener asentamientos humanos en el planeta, así como para alimentar futuras misiones a Marte y más allá. La presencia de estos recursos también plantea la posibilidad de establecer una colonia autosuficiente en Marte, lo que podría contribuir a garantizar la supervivencia de la especie humana en caso de catástrofe en la Tierra. A pesar de estas similitudes, hay varios retos que deben abordarse antes de que los seres humanos puedan explorar y colonizar Marte con éxito. Uno de los principales retos es la distancia entre los dos planetas, lo que significa que cualquier misión a Marte requeriría un largo viaje a través del espacio. Esta distancia también dificultaría la comunicación con la Tierra, ya que los mensajes enviados desde y hacia el planeta sufrirían un retraso considerable. Otro reto es la necesidad de desarrollar la tecnología y la infraestructura necesarias para mantener la vida humana en el planeta. Esto incluye desarrollar sistemas para producir oxígeno, agua y alimentos, así como para generar electricidad y mantener una temperatura confortable dentro de los hábitats. Se necesitarían sistemas para gestionar los residuos y los recursos limitados, como el agua y el aire. Están los riesgos para la salud asociados a los vuelos espaciales de larga duración y a vivir en un planeta como Marte. La exposición a la radiación y a otros riesgos asociados a los viajes espaciales podría tener efectos a largo plazo en la salud de los astronautas, mientras que el clima riguroso y los recursos limitados de Marte podrían plantear problemas para mantener la salud y el bienestar humanos. Abordar estos retos requerirá importantes recursos, experiencia y colaboración de la comunidad mundial, así como un compromiso sostenido con la exploración y la innovación. Aunque Marte presenta algunos retos únicos para la exploración y colonización humanas, también ofrece una serie de oportunidades para el descubrimiento científico, la utilización de los recursos y la supervivencia a largo plazo de la especie humana. Comprender las similitudes y diferencias entre la Tierra y Marte es esencial para desarrollar estrategias eficaces de exploración del planeta y establecer en él una presencia humana sostenible. Superar los retos asociados a la exploración de Marte requerirá colaboración, innovación y un compromiso sostenido por parte de individuos, gobiernos y organizaciones de todo el mundo. La idea de colonizar Marte ha ido ganando atención como solución a los retos a los que se enfrenta la humanidad en la Tierra, como la superpoblación, el agotamiento de los recursos naturales y el calentamiento global. Dado que los recursos de la Tierra son finitos y la población sigue creciendo, cada vez es más urgente buscar hábitats alternativos. Marte, que tiene aproximadamente el mismo tamaño que la Tierra y algunas similitudes en cuanto a recursos y atmósfera, ha sido identificado como un posible destino para la colonización humana. Varias empresas privadas como SpaceX y agencias gubernamentales como la NASA han estado explorando esta posibilidad. El Planeta Rojo no es un paseo. Es un entorno duro e implacable, que presenta numerosos retos que deben abordarse antes de que podamos empezar a colonizarlo. Estos retos van desde los aspectos psicológicos de vivir en una tierra extraña hasta las dificultades técnicas de diseñar hábitats espaciales, pasando por el desarrollo de una agricultura sostenible y sistemas de gestión de recursos. Quizá uno de los retos más importantes de la colonización de Marte sea el impacto psicológico de vivir en un entorno aislado y duro durante largos periodos de tiempo. Los humanos hemos evolucionado para prosperar en el entorno terrestre, con temperaturas agradables, ecosistemas diversos y una atmósfera que nos proporciona la mezcla adecuada de gases para respirar. En Marte, las condiciones son muy diferentes, con una atmósfera delgada y una radiación que podría suponer un peligro para la salud humana. El impacto psicológico del aislamiento en este entorno podría provocar depresión, ansiedad y otros problemas de salud mental. Por ello, los astronautas de las misiones a Marte tendrían que someterse a rigurosos exámenes psicológicos y entrenamientos para desarrollar mecanismos de afrontamiento de la vida en un entorno extraño y aislado. También habría que diseñar actividades sociales y recreativas para ayudar a los astronautas a mantener la moral y un sentimiento de conexión con su planeta natal. El diseño de hábitats espaciales es otro reto importante que debe abordarse en la colonización de Marte. Estos hábitats deben diseñarse para proporcionar un escudo protector contra la radiación, las fluctuaciones de temperatura y las condiciones atmosféricas del planeta. Los materiales que han demostrado su eficacia contra la radiación en la Tierra pueden no ser tan eficaces en Marte, por lo que habrá que desarrollar nuevos materiales y diseños. Los sistemas de alimentación y energía del hábitat deben diseñarse para ser autosuficientes y sostenibles. La existencia de energía solar en Marte lo convierte en un candidato ideal para aprovechar la energía del sol, pero esto requerirá el desarrollo de nuevos sistemas de almacenamiento y distribución para hacer uso de la energía cuando la luz solar no esté disponible. El desarrollo de una agricultura sostenible y de sistemas de gestión de recursos es también un reto clave en la colonización de Marte. Los alimentos y el agua serán escasos y deberán conservarse. La creación de un sistema de circuito cerrado de reciclaje de nutrientes y agua sería fundamental para una agricultura sostenible en Marte. Para ello es necesario procesar y reutilizar los residuos de los astronautas. También podrían desarrollarse agroecosistemas que utilicen tecnologías como la hidroponía y la aeroponía, que permiten cultivar con un mínimo de insumos. Este enfoque permitiría cultivar en el suelo de Marte, que es tóxico para el ser humano. Manipular el entorno marciano para facilitar la agricultura podría tener importantes consecuencias ecológicas imprevistas, y hay que tener mucho cuidado para garantizar que el medio ambiente marciano no sufra daños irrevocables. La superpoblación, el agotamiento de los recursos naturales y el calentamiento global han llevado a la humanidad a buscar desesperadamente soluciones para garantizar su supervivencia. La esperanza descansa en la colonización de Marte. La colonización de Marte se considera una forma de afrontar estos acuciantes retos. Los retos a los que se enfrenta la colonización de Marte son inmensos. Los astronautas tendrán que hacer frente al impacto psicológico de vivir en un entorno aislado y duro durante largos periodos. También habrá que hacer frente a las dificultades técnicas de diseñar hábitats espaciales y proporcionar un sistema energético autosuficiente y sostenible. Habrá que desarrollar una agricultura sostenible para garantizar la seguridad alimentaria en el planeta. A pesar de estos retos, la perspectiva de colonizar Marte es atractiva y debemos seguir adelante con las innovaciones científicas y técnicas que harán realidad este sueño. Colonizar Marte podría ayudarnos a comprender mejor nuestro lugar en el universo y a forjar un futuro sostenible aquí en la Tierra.

VI. BENEFICIOS DE COLONIZAR MARTE

La colonización de Marte proporciona numerosos beneficios, tanto prácticos como aspiracionales. Desde nuestro punto de vista práctico, Marte sirve como opción alternativa de supervivencia en caso de catástrofe global; también nos permite seguir explorando el cosmos y ampliar nuestra presencia interestelar, aprendiendo más sobre nuestro propio planeta y el universo en su conjunto. Los científicos e investigadores que estudien Marte podrían adquirir conocimientos vitales sobre los procesos y la historia de nuestro sistema solar. Un estudio reciente del International Journal of Astrobiology analizaba la historia geológica de Marte y concluía que el planeta tenía potencial para albergar vida microbiana. Esto abriría una vía para futuras investigaciones sobre la vida extraterrestre. La colonización de Marte también tiene ventajas prácticas, más allá del aspecto puramente científico. Los avances tecnológicos necesarios para una misión de este tipo podrían aprovecharse para su uso en la Tierra, contribuyendo a los esfuerzos de sostenibilidad y reduciendo la dependencia de recursos no renovables. Esto incluye mejoras en la energía, el transporte, la gestión de residuos y otros servicios públicos. La misión requeriría el desarrollo de nuevos materiales, procesos de fabricación y tecnologías médicas que podrían utilizarse para mejorar la vida en la Tierra. El entorno marciano ofrece la oportunidad de desarrollar economías y culturas únicas y autónomas, con la aparición de nuevos mercados, estructuras sociales y comunidades científicas. La menor gravedad de Marte y su diferente composición atmosférica plantean retos únicos para las industrias agrícola, minera y de la construcción, fomentando el desarrollo de nuevas tecnologías y técnicas. Con el potencial de la terraformación, Marte podría convertirse en un hogar autosuficiente para la humanidad, libre de las limitaciones de recursos y las tensiones geopolíticas que asolan la Tierra. La colonización de Marte ofrece una oportunidad única de unir a la humanidad bajo una bandera común. En lugar de competir por los recursos y el territorio de nuestro planeta, podríamos cooperar para construirnos un nuevo futuro en el espacio. Esto requeriría una colaboración internacional a una escala sin precedentes, abriendo la posibilidad de cooperación y paz en un mundo en el que los conflictos y la división han sido moneda corriente. Trabajando juntos hacia un objetivo común, la humanidad podría trascender las limitaciones que nos han impedido desarrollar todo nuestro potencial. Todos estos beneficios tienen un coste considerable. El estado actual de la tecnología ofrece una capacidad limitada para llegar a Marte: el viaje duraría aproximadamente ocho meses, incluso con los motores de cohete más rápidos, y el proceso de aterrizaje es increíblemente complejo y requiere equipos sofisticados. Una empresa de este tipo requeriría una movilización masiva de recursos, así como la inversión de múltiples gobiernos, empresas privadas y organizaciones filantrópicas. También habría que tener en cuenta las repercusiones medioambientales y sociales de una misión de este tipo, asegurándose de que los riesgos que entraña no se vean superados por las recompensas que conlleva. No obstante, los beneficios de colonizar Marte son demasiado valiosos para ignorarlos. El futuro de la humanidad depende de nuestra capacidad para ampliar nuestros horizontes y buscar nuevas fronteras. No se trata simplemente de ciencia ficción o de curiosidad ociosa. La humanidad se enfrenta a una amenaza muy real y acuciante:

la superpoblación, el agotamiento de los recursos y el cambio climático. Tenemos que abordar estos problemas urgentemente y el momento de empezar es ahora. Colonizar Marte puede parecer un sueño lejano, pero como hemos visto a lo largo de la historia, lo imposible se hace posible cuando nos lo proponemos. Colonizar Marte no es una simple fantasía; es una empresa necesaria si queremos garantizar la supervivencia de nuestra especie y ampliar nuestra comprensión del universo. Los beneficios son amplios y variados, desde la exploración científica al desarrollo económico y social, pasando por la cooperación internacional. Aunque los retos son de enormes proporciones, poseemos las herramientas y el ingenio necesarios para superarlos. Mientras afrontamos los formidables retos que nos aguardan, consolémonos sabiendo que somos capaces de lograr grandes cosas y que nuestro destino está más allá del horizonte.

BENEFICIOS, ABUNDANCIA DE RECURSOS, SOSTENIBILIDAD Y AVANCES CIENTÍFICOS

Uno de los beneficios potenciales de la colonización de Marte es que permitirá explotar abundantes recursos que no están fácilmente disponibles en la Tierra. Marte es rico en minerales como el hierro, el titanio y el silicio, que son componentes esenciales de la tecnología y los materiales de construcción de los que depende el ser humano. Marte tiene grandes cantidades de agua en forma de hielo, que puede utilizarse para beber, cultivar y para procesos industriales. La colonización de Marte podría garantizar una fuente estable de materiales esenciales para la vida humana. La colonización de Marte podría promover la sostenibilidad en la Tierra reduciendo la presión sobre los recursos de nuestro planeta al disminuir la explotación de recursos no renovables en la Tierra. Otro beneficio potencial de la colonización de Marte es que proporciona una nueva frontera para el descubrimiento científico y el avance tecnológico. Explorando Marte y estudiando su geología, atmósfera e historia, los científicos pueden comprender mejor los orígenes del universo y sentar las bases para la exploración del espacio profundo. La colonización de Marte requeriría sistemas tecnológicamente avanzados para sustentar la vida humana, lo que impulsaría avances tecnológicos que podrían tener un impacto significativo en la Tierra y ayudar a resolver grandes retos como el cambio climático y la sostenibilidad energética. Por ejemplo, los avances en tecnología energética sostenible, como la energía solar y la fusión nuclear, podrían derivarse del mantenimiento de la vida en Marte.

La colonización de Marte puede provocar un cambio significativo en la forma en que los seres humanos abordan la gestión de los recursos y el avance tecnológico, con el potencial de reducir algunos de los retos más acuciantes a los que se enfrenta la humanidad hoy en día. Para aprovechar eficazmente los beneficios de la colonización de Marte, los planes de colonización deben centrarse en la sostenibilidad, la preservación del medio ambiente y el uso responsable de los recursos para garantizar la salud tanto de Marte como de la Tierra. La sostenibilidad implicaría la utilización de fuentes de energía renovables, como la solar, la eólica y la hidroeléctrica, para alimentar la vida en Marte. Tales prácticas reducirían la huella de carbono del planeta y ofrecerían una oportunidad para la innovación mediante la creación de nuevas tecnologías necesarias para almacenar, gestionar y transportar el exceso de energía. La preservación de Marte como un entorno prístino sería esencial para garantizar la eficacia continuada de los recursos del planeta. Los primeros habitantes humanos deberán establecer unas estrictas directrices medioambientales y evitar perturbaciones innecesarias que puedan dañar los ecosistemas naturales de Marte. Esto implica diseñar hábitats e infraestructuras que minimicen el impacto humano negativo. Podrían utilizarse misiones robóticas que desplegaran infraestructuras críticas para garantizar la preservación del entorno natural del planeta, permitiendo al mismo tiempo a los humanos explorar y realizar investigaciones científicas en Marte. Dar prioridad a un consumo responsable de los recursos garantizaría que las riquezas del planeta se utilicen de forma eficiente para satisfacer las necesidades de la colonia, evitando al mismo tiempo el despilfarro y los daños medioambientales. Con los limitados recursos de Marte, la explotación de los recursos debe optimizarse y gestionarse de una manera sostenible que minimice el agotamiento de los recursos no renovables o los daños medioambientales. La colonización de Marte es muy prometedora en términos de abundancia de recursos, sostenibilidad y avances científicos. Para obtener tales beneficios, la colonización de Marte debe enfocarse en la preservación del medio ambiente y la gestión responsable de los recursos. Dando prioridad a estos principios, la colonización podría reducir las huellas de la sobrepoblación, el agotamiento de los recursos naturales y el calentamiento global, y ayudar a la humanidad a encontrar soluciones eficaces para garantizar la supervivencia y la sostenibilidad en los años venideros.

EVALUACIÓN DE LOS BENEFICIOS ECONÓMICOS, POLÍTICOS Y SOCIALES

La colonización de Marte puede reportar numerosos beneficios económicos, políticos y sociales. En el plano económico, Marte ofrece grandes oportunidades en la extracción de recursos y actividades comerciales que pueden generar ingresos sustanciales para las colonias y el planeta de origen. Marte posee abundantes reservas de minerales como hierro, níquel, cobalto y magnesio, que pueden utilizarse para construir una economía autosuficiente en el planeta. Los esfuerzos de colonización requieren el desarrollo y despliegue de tecnologías avanzadas, que pueden estimular la innovación tecnológica, la investigación y el desarrollo. Como resultado, la colonización de Marte puede crear una nueva economía espacial que desbloquee el crecimiento potencial de la humanidad, permitiéndonos alcanzar mayores cotas.

En el plano político, la colonización de Marte tiene el potencial de unir a la humanidad en torno a un objetivo común, el sueño de colonizar un nuevo mundo. El establecimiento de colonias requerirá la colaboración de múltiples naciones, instituciones y entidades privadas, lo que conducirá a la formación de una coalición global. La cooperación internacional necesaria para la colonización de Marte puede impulsar la diplomacia y la colaboración entre naciones e inspirar futuras colaboraciones en ciencia e innovación que pueden beneficiar a la humanidad.

La colonización de Marte puede fomentar el desarrollo de nuevos sistemas políticos y estructuras de gobierno que puedan resolver algunos de los problemas de nuestros sistemas políticos actuales. Las colonias de Marte pueden servir de experimento para poner a prueba diferentes paradigmas políticos, lo que podría conducir a la creación de sistemas políticos novedosos que respondan mejor a las necesidades de las personas. Esto serviría como una valiosa lección para la futura experimentación política en la Tierra. Desde el punto de vista social, la colonización de Marte puede aportar una serie de beneficios a largo plazo que mejoren la seguridad humana a través de la mejora del conocimiento, la tecnología y la innovación. La colonización de un nuevo mundo requiere el desarrollo y uso de tecnologías avanzadas, que pueden tener beneficios de gran alcance en diversos campos, como el aeroespacial, la medicina, la ingeniería y la ciencia de los materiales. Estas innovaciones y avances tecnológicos pueden acelerar el progreso de la humanidad y resolver los problemas de superpoblación, agotamiento de los recursos naturales y calentamiento global que amenazan su supervivencia. El establecimiento de una colonia humana en Marte puede espolear la formación de una nueva cultura distinta de las existentes. El nuevo entorno de Marte puede conducir a la formación de tradiciones, costumbres, artes y literatura únicas, que con el tiempo podrían ser adoptadas por el planeta de origen y convertirse en parte de nuestro patrimonio mundial. Y lo que es más importante, la colonización de Marte puede actuar como un faro de esperanza para la humanidad, inspirando a la gente a trabajar por un objetivo común y proporcionando un sentido de propósito y dirección. Después de todo, este ideal edificante de colonizar un nuevo planeta, donde la humanidad pueda empezar de nuevo, presenta una visión de un futuro más brillante y optimista, un futuro por el que merece la pena luchar. La colonización de Marte conlleva importantes beneficios económicos, políticos y sociales que pueden transformar el destino de la humanidad. El establecimiento de una colonia humana en Marte no es sólo una hazaña tecnológica, sino un empeño visionario que encarna nuestra aspiración a elevarnos por encima de nuestras limitaciones terrenales y crear un futuro mejor para nosotros y las generaciones venideras. Por tanto, debemos seguir invirtiendo en la investigación y el desarrollo necesarios para hacer posible la colonización de Marte y convertir nuestros sueños en una eventual realidad.

COLONIZACIÓN DE MARTE vs. OTRAS POSIBLES SOLUCIONES

En términos de posibles soluciones para los retos a los que se enfrenta la humanidad, la colonización de Marte se compara a menudo con otras opciones como la vida sostenible en la Tierra, el uso de fuentes de energía renovables y la exploración y explotación de los recursos del sistema solar. Aunque la colonización de Marte ha cautivado la imaginación de muchos, es importante tener en cuenta los posibles inconvenientes y limitaciones de esta opción. La vida sostenible en la Tierra, por ejemplo, podría ofrecer un enfoque más práctico y realista para abordar la superpoblación y el agotamiento de los recursos. Adoptando prácticas sostenibles, como las tecnologías energéticamente eficientes y la reducción de residuos, podríamos reducir la presión sobre los recursos y el ecosistema de la Tierra. Del mismo modo, explorar y explotar los recursos del sistema solar puede ofrecer una forma más factible de obtener recursos vitales como minerales y agua sin necesidad de colonizar otro planeta. Las fuentes de energía renovables, como la solar y la eólica, ofrecen una solución prometedora al problema del calentamiento global sin necesidad de una colonización a gran escala que quizá no sea posible hasta dentro de muchas décadas, si es que llega a serlo. Aunque la colonización de Marte ofrece una vía apasionante para la exploración y la expansión más allá de la Tierra, debería considerarse junto a estas otras opciones como una solución complementaria y no exclusiva. En los últimos años, el debate en torno a la colonización de Marte se ha hecho cada vez más popular como posible solución a los diversos problemas que aquejan a la Tierra. Con el aumento de la población, el agotamiento de los recursos naturales y el calentamiento global, la humanidad busca desesperadamente soluciones para garantizar su supervivencia. En muchos sentidos, Marte representa el candidato ideal para tal empresa de colonización. En comparación con otros planetas de nuestro sistema solar, Marte es el planeta más cercano a la Tierra que tiene una composición similar, con superficies rocosas y una atmósfera presente. Se cree que sus similitudes con la Tierra lo hacen más propicio para albergar formas de vida, ya que tiene suficiente luz solar y calor para sustentar la vida vegetal, y la atmósfera del planeta se compone de aproximadamente un 95% de dióxido de carbono y un 3% de nitrógeno, que puede manipularse para hacerla propicia para la vida humana. El éxito de la colonización de Marte dista mucho de estar garantizado, ya que siguen existiendo muchos desafíos. Marte es un entorno duro e inhóspito que requiere una planificación cuidadosa, una investigación amplia y continua, innovación y recursos adecuados para garantizar que la vida pueda mantenerse a largo plazo. Teniendo todo esto en cuenta, la cuestión sigue siendo si la carrera por colonizar Marte merece la pena el esfuerzo y los recursos, dados los retos que nos esperan.

VII. DESAFÍOS TÉCNICOS

Los retos técnicos de la colonización de Marte son inmensos, ya que requerirá el desarrollo de nuevas tecnologías y la adaptación de las existentes. El primero y más importante es transportar a Marte personas y equipos de forma segura y eficiente, lo que actualmente supone un viaje de seis meses. Para ello habrá que desarrollar nuevos sistemas de propulsión que puedan proporcionar suficiente empuje para acelerar las naves espaciales a altas velocidades y superar la atracción gravitatoria del sol y otros cuerpos celestes. Las naves espaciales también tendrán que estar equipadas con sólidos sistemas de soporte vital que puedan mantener la vida humana durante todo el viaje y más allá. Una vez en Marte, los colonos tendrán que estar protegidos de un entorno duro e impredecible. La atmósfera marciana es delgada, compuesta principalmente de dióxido de carbono, y no proporciona una protección adecuada contra la radiación solar o las variaciones extremas de temperatura que pueden producirse. Las estructuras tendrán que estar diseñadas para resistir fuertes vientos, tormentas de polvo y temperaturas extremas que oscilan entre los 100 grados Celsius bajo cero por la noche y los 20 grados Celsius bajo cero durante el día. Otro desafío clave es la producción de alimentos, agua y oxígeno en Marte. El suelo de Marte no es apto para los cultivos y el agua helada del planeta no es fácilmente accesible. Por tanto, los colonos tendrán que recurrir a tecnologías hidropónicas y aeropónicas avanzadas para producir alimentos sostenibles en el planeta. Del mismo modo, el agua deberá extraerse de fuentes subterráneas o de la atmósfera marciana, que sólo tiene un 1% de la densidad de la atmósfera terrestre. Será necesario un medio para generar oxígeno, ya sea por electrólisis del agua o por otros medios, para proporcionar a los colonos el aire que necesitan para respirar. La comunicación con la Tierra será esencial para la supervivencia y la salud mental de los colonos. Establecer un sistema de comunicación fiable y estable entre Marte y la Tierra requerirá el desarrollo de potentes sistemas de radiocomunicación y una amplia red de satélites de comunicación. La gran distancia entre los planetas también significa que cualquier comunicación se verá afectada por un retraso significativo, que podría sumar varios minutos en el tiempo de ida y vuelta, lo que plantearía problemas potenciales para situaciones de emergencia. El mantenimiento de la salud humana será un reto importante, ya que el cuerpo humano no está preparado para funcionar en un entorno de baja gravedad durante largos periodos de tiempo. La falta de gravedad en Marte provocará una serie de problemas de salud, como problemas de visión, atrofia muscular y pérdida ósea, que podrían dificultar incluso las tareas más sencillas. Se necesitarán medicamentos y equipos médicos especializados para controlar las constantes vitales, diagnosticar y tratar las enfermedades y lesiones que puedan producirse en Marte. Los retos serán aún mayores cuando los colonos comiencen a reproducirse, ya que no están definidas las implicaciones de criar niños en un entorno tan singular. Colonizar Marte es una empresa de enormes proporciones que plantea numerosos retos técnicos. El viaje requerirá nuevos sistemas de propulsión, tecnologías avanzadas de soporte vital y sistemas de comunicación robustos. Habrá que desarrollar estructuras capaces de soportar condiciones meteorológicas adversas y temperaturas extremas. Para mantener la vida en Marte habrá que desarrollar técnicas eficaces de producción de alimentos, agua y oxígeno, así como equipos médicos y medicamentos que puedan mantener la salud humana en un entorno de baja gravedad. Hasta que no podamos abordar estos retos técnicos, la colonización de Marte no podrá hacerse realidad y, por tanto, nos encontramos en un callejón sin salida. El estudio continuado de Marte, por tanto, es crucial, ya que proporcionará una perspectiva inestimable y servirá de base para el desarrollo de nuevas tecnologías que algún día permitirán la colonización de Marte y el desarrollo de la humanidad más allá de la Tierra.

RETOS TÉCNICOS: TRANSPORTE, COMUNICACIONES E INFRAESTRUCTURAS

Uno de los principales retos asociados a la colonización de Marte es el transporte de materiales y personas de la Tierra a Marte. La distancia entre la Tierra y Marte es enorme y se tarda varios meses en viajar entre los dos planetas. Esto significa que deben desarrollarse métodos de transporte que permitan un viaje seguro y eficiente a través de largas distancias. Los métodos actuales de viaje espacial, como los cohetes, no son ideales para esta tarea, ya que son caros e ineficaces. El desarrollo de nuevas tecnologías y métodos de transporte, como los ascensores espaciales o los motores de propulsión iónica, será esencial para el éxito de la colonización de Marte. Otro reto importante asociado a la colonización de Marte es la comunicación. Debido a la distancia entre la Tierra y Marte, los retrasos en las comunicaciones pueden llegar a ser de veinte minutos en cada sentido. Esto hace imposible la comunicación en tiempo real entre la Tierra y Marte, lo que crea retos únicos para la gestión y el control de las actividades de la colonia. Para paliar este problema, se han desarrollado nuevas tecnologías de comunicación, como la Red de Retransmisión de Marte. Este sistema permite una comunicación fiable y consistente entre Marte y la Tierra, haciendo posible el funcionamiento remoto de equipos y la realización de experimentos en la superficie marciana. Además de los problemas de transporte y comunicación, las infraestructuras son también un obstáculo importante para la colonización de Marte. El entorno marciano es increíblemente hostil, y la atmósfera es mucho más fina que la de la Tierra. Esto significa que la colonización de Marte requerirá un importante desarrollo de infraestructuras, incluida la construcción de estructuras habitables, sistemas de energía, instalaciones de gestión de residuos y sistemas de gestión del agua y el aire. Estos sistemas deben ser altamente eficientes y autosostenibles, ya que la colonia necesitará depender de sus recursos para sobrevivir. El desarrollo de una infraestructura sostenible planteará retos particulares a la colonia de Marte debido a las limitaciones de recursos del planeta. Por ejemplo, Marte tiene recursos hídricos limitados, y gran parte del agua está congelada en sus polos y suelos. Por ello, la colonia tendrá que desarrollar sistemas eficientes de gestión del agua que puedan recoger, tratar y reciclar tanta agua como sea posible. El uso de fuentes de energía renovables, como la solar y la eólica, también será crucial para el éxito de la colonia, ya que estas fuentes pueden proporcionar la energía necesaria para la mayoría de los sistemas de la colonia. La atmósfera marciana está compuesta principalmente por dióxido de carbono, sin gases respirables. Esto significa que la colonia necesitará desarrollar sistemas de gestión del aire que puedan producir aire respirable para los habitantes. Esto puede lograrse mediante el uso de plantas que puedan producir oxígeno a través de la fotosíntesis, o mediante el uso de depuradores mecánicos que puedan eliminar el dióxido de carbono y otros gases nocivos de la atmósfera. La colonización de Marte también plantea retos importantes para la salud física y mental de los colonos. Debido a la menor gravedad del planeta y a la menor densidad de su atmósfera, los colonos estarán expuestos a niveles de radiación más elevados que en la Tierra. Esta mayor exposición a la radiación puede provocar mayores tasas de cáncer y otros problemas de salud relacionados con la radiación. Hay que proteger a los colonos de estos riesgos desarrollando nuevas tecnologías de protección o utilizando hábitats subterráneos o blindados. Vivir en un entorno aislado, confinado y extremo puede causar importantes problemas de salud mental a los colonos. El estrés psicológico de vivir en un entorno duro y peligroso, separado de amigos y familiares en la Tierra, puede provocar depresión, ansiedad y otros problemas de salud mental. El desarrollo de estrategias y sistemas de apoyo a la salud mental eficaces para hacer frente a los retos únicos de la vida en Marte será esencial para el éxito de la colonia. Los retos técnicos asociados a la colonización de Marte son numerosos y complejos, desde el transporte y las comunicaciones hasta las infraestructuras y la salud física y mental de los colonos. El desarrollo de nuevas tecnologías y sistemas sostenibles será crucial para el éxito de la colonia marciana, y las lecciones aprendidas de la colonización de Marte tendrán probablemente importantes aplicaciones para el desarrollo sostenible en la Tierra. El trabajo conjunto de científicos, ingenieros y responsables políticos para superar estos retos allanará el camino hacia una nueva era de exploración y descubrimientos humanos, garantizando la supervivencia y prosperidad de la humanidad en los siglos venideros.

EVALUACIÓN DE LOS AVANCES TECNOLÓGICOS NECESARIOS PARA COLONIZAR MARTE CON ÉXITO

La colonización de Marte es una empresa colosal que requiere toda una serie de avances tecnológicos, algunos de los cuales ya existen y otros están en fase de desarrollo. Algunas de las principales áreas de interés son la construcción de hábitats sostenibles y autosuficientes, el transporte y la logística, la generación y almacenamiento de energía y la producción de alimentos. En primer lugar, los hábitats deben contar con algún tipo de sistema artificial de mantenimiento de la vida que imite el ecosistema terrestre. Esto implica el uso de tecnologías como aire acondicionado y filtración, sistemas de purificación de agua, gestión de residuos y otros procesos esenciales para la vida. La construcción de los hábitats también deberá tener en cuenta las duras condiciones de vida marcianas, que incluyen la radiación de la superficie, recursos limitados, polvo corrosivo y temperaturas extremas de calor y frío. Serán necesarios materiales altamente innovadores que puedan resistir las tensiones físicas, químicas y medioambientales. En segundo lugar, el transporte y la logística serán cruciales para colonizar Marte. Dado que el planeta está a 54,6 millones de kilómetros, las naves espaciales tardarían meses en llegar a Marte, y la cuestión se complica aún más por el calendario de las ventanas de lanzamiento y las condiciones atmosféricas. Las futuras misiones a Marte podrían reducir el tiempo de espera con diseños de tránsito rápido, como naves espaciales de propulsión nuclear, pero seguirán siendo necesarios lugares de aterrizaje adecuados, vehículos de superficie y equipos de manipulación de materiales para alcanzar y explotar los recursos de la superficie de Marte. También serán necesarias naves espaciales que soporten vuelos espaciales de larga duración y la entrega de carga, como los vehículos de lanzamiento espacial reutilizables. Estos vehículos deberán proporcionar un amplio soporte tanto para los humanos como para la carga, un suministro de energía adecuado y una comunicación que pueda soportar el largo y duro entorno de transporte.

En tercer lugar, es fundamental contar con sistemas eficaces y eficientes de generación y almacenamiento de energía. Es primordial para cubrir las necesidades energéticas de las instalaciones de colonización marciana, el transporte de carga, las operaciones de minería y refinado en superficie, la fabricación de hardware espacial para las operaciones en Marte y todos los sistemas de soporte vital. Las múltiples opciones para la generación de energía incluyen paneles solares, reactores nucleares y turbinas eólicas, entre otras, dependiendo del alcance y las necesidades de la misión. Los sistemas de almacenamiento de energía, como las baterías o las pilas de combustible, son fundamentales, especialmente debido a las demandas dinámicas de energía durante las fases de lanzamiento y aterrizaje de una misión a Marte. En cuarto lugar, la capacidad de producir alimentos de forma sostenible será crucial para garantizar una estancia prolongada en el planeta. Cultivar en Marte es un reto debido a las duras y poco favorables condiciones de la superficie. Soluciones innovadoras como la creación de instalaciones hidropónicas y aeropónicas y otros sistemas de ambiente controlado podrían resultar eficaces. Con estos sistemas, las plantas pueden cultivarse en un medio sin suelo optimizado para las condiciones de crecimiento incluso en un entorno marciano. Los sistemas también deberían ser capaces de regular la luz y la temperatura para simular condiciones similares a las de la Tierra y evitar el estrés de las plantas causado por los limitados recursos de Marte y la baja presión atmosférica. También podrían cultivarse animales, como peces, en entornos acuáticos cerrados que puedan complementar aún más las necesidades nutricionales de los colonos. En resumen, la colonización de Marte es un proceso complejo que requiere avances tecnológicos innovadores en varias áreas como la construcción de hábitats, el transporte y la logística, la generación de energía y la producción de alimentos. Estos avances no sólo tendrán que ser fiables y eficaces, sino también sostenibles a largo plazo, ya que las condiciones del planeta rojo difieren enormemente de las de la Tierra. Los avances tecnológicos también deberán ser capaces de apoyar y sostener múltiples industrias, desde la investigación, la fabricación y la minería hasta el turismo e incluso la vida residencial. Con las tecnologías y los recursos adecuados, la humanidad puede lograr un camino hacia la colonización de Marte que tenga el potencial de garantizar la supervivencia a largo plazo y la expansión más allá del planeta Tierra.

RETOS TÉCNICOS DE LA COLONIZACIÓN DE MARTE vs. OTRAS POSIBLES SOLUCIONES

La colonización de Marte se ha sugerido como solución a la urgente necesidad de la humanidad de encontrar un hábitat alternativo. Aunque promete un gran potencial, los retos técnicos que implica son enormes, y su comparación con otras posibles soluciones revela tanto las ventajas como las limitaciones de la colonización de Marte. Uno de los retos más importantes de la colonización de Marte es su entorno inhóspito. Marte tiene una atmósfera delgada de dióxido de carbono en su mayor parte, no tiene agua líquida y las temperaturas oscilan entre -140 y 20°C, lo que supone un reto importante para la supervivencia humana. Aunque algunos científicos creen que la terraformación de Marte, que consiste en alterar el entorno de su superficie para hacerlo más parecido a la Tierra, podría ofrecer una solución, esto está actualmente más allá de nuestras capacidades tecnológicas. Establecer una colonia en Marte requeriría el desarrollo de tecnologías avanzadas, así como un medio fiable de transporte de personas, suministros y equipos. En comparación, otras posibles soluciones, como la construcción de ciudades submarinas, presentan un entorno menos extremo. Aunque la construcción de ciudades submarinas implica algunos retos técnicos, como el diseño de estructuras que puedan soportar la presión de las aguas profundas, el entorno es más complaciente que Marte. Por ejemplo, el ecosistema es más fiable, con peces y otras formas de vida acuática que proporcionan una fuente potencial de alimentos. La presión del agua podría proporcionar una barrera protectora contra la radiación cósmica. Del mismo modo, la construcción de ciudades flotantes en los océanos, que se ha sugerido como posible solución, conlleva menos desafíos técnicos que la colonización de Marte. El entorno es más hospitalario para la vida humana y muchas de las tecnologías necesarias para hacer posibles las ciudades flotantes, como la energía solar y eólica, ya están disponibles. Las ciudades flotantes también podrían ser móviles, lo que significa que podrían desplazarse para evitar desastres naturales como huracanes o la subida del nivel del mar. Otra posible solución son los hábitats espaciales, que proponen la construcción de estructuras que permitirían a los seres humanos vivir y trabajar en el espacio. Los hábitats espaciales son más viables técnicamente que la colonización de Marte y podrían proporcionar un hogar a los seres humanos en el espacio, evitando así algunos de los riesgos asociados a los vuelos espaciales de larga duración. Estos hábitats podrían construirse con materiales y tecnologías ya existentes, y no requerirían las enormes infraestructuras ni la terraformación que conllevaría la colonización de Marte. Los hábitats espaciales también podrían ofrecer una solución al problema del agotamiento de los recursos, ya que podrían proporcionar un medio para cosechar y utilizar los recursos del espacio. La colonización del espacio permitiría a los científicos realizar investigaciones que no son factibles en la Tierra, como observaciones de estrellas y galaxias lejanas, lo que podría dar lugar a avances en ciencia y tecnología. Hay que señalar que cada una de estas soluciones conlleva su propio conjunto de retos y limitaciones. La construcción de ciudades submarinas o flotantes requeriría una inversión considerable, y aún existen dudas sobre la sostenibilidad a largo plazo de estos hábitats. Del mismo modo, los hábitats espaciales podrían plantear riesgos para la salud asociados a la exposición a largo plazo a entornos de gravedad cero o a la radiación. Los hábitats espaciales no abordan la cuestión del agotamiento de los recursos en la Tierra, que podría seguir empeorando si no se aplican soluciones viables. Aunque la colonización de Marte presenta una solución prometedora a la necesidad de la humanidad de encontrar un nuevo hábitat, no está exenta de desafíos. En comparación, otras soluciones potenciales como las ciudades submarinas o flotantes, así como los hábitats espaciales, tienen retos técnicos menos formidables que superar. Cada solución tiene sus propias limitaciones y requeriría una inversión, investigación y desarrollo considerables. Por ello, es esencial que se estudien detenidamente todas las posibles soluciones, centrándose en encontrar soluciones viables, sostenibles y a largo plazo para los acuciantes problemas a los que se enfrenta la humanidad. El agotamiento de los recursos naturales de la Tierra, unido a la superpoblación y al calentamiento global, ha impulsado la búsqueda de soluciones que garanticen la supervivencia de la humanidad. Para muchos, la colonización de Marte una opción viable. La idea es que, si podemos establecer un asentamiento humano en Marte, podríamos reducir la presión sobre los recursos de la Tierra y proporcionar un plan de reserva en caso de catástrofe global. La perspectiva de colonizar Marte no está exenta de dificultades. Incluso con los avances tecnológicos, el viaje a Marte es peligroso y está plagado de obstáculos que podrían poner en peligro la vida de los posibles colonizadores. La sostenibilidad a largo plazo de un asentamiento en Marte sigue siendo incierta, ya que no está claro si los seres humanos pueden adaptarse a vivir en un entorno tan duro y desconocido. A pesar de estos retos, la perspectiva de colonizar Marte sigue siendo un faro de esperanza para muchos que lo ven como una forma de preservar nuestra especie y avanzar en el conocimiento científico. Para lograr este objetivo, tendremos que seguir invirtiendo en investigación, tecnología e infraestructuras, al tiempo que consideramos cuidadosamente las implicaciones éticas de expandir nuestra influencia a un nuevo mundo. La colonización de Marte representa un paso adelante audaz y necesario para la humanidad, que podría servir como medio para garantizar nuestra supervivencia y avanzar en nuestra comprensión del universo.

VIII. IMPLICACIONES SOCIALES Y ÉTICAS

Las implicaciones éticas y sociales de la colonización de Marte son inmensas y de gran alcance, y deben considerarse cuidadosamente junto con los obstáculos prácticos y tecnológicos para el éxito del asentamiento humano en el Planeta Rojo. Una cuestión especialmente preocupante es el hecho de que la colonización de Marte implicaría casi con toda seguridad la explotación de los recursos naturales del planeta, lo que podría dar lugar a una nueva forma de colonialismo y explotación contra un mundo alienígena. Esto plantea cuestiones profundas sobre la responsabilidad de la humanidad hacia otras formas de vida y el medio ambiente, y sobre los límites éticos de nuestras aspiraciones tecnológicas y económicas. Otra consideración ética es el impacto de la colonización de Marte en el tejido social de la humanidad. Suponiendo que la colonización de Marte tenga éxito, es probable que quienes puedan permitirse emigrar allí lo hagan, dejando atrás a quienes no puedan o decidan no hacerlo. Esto podría agravar las desigualdades entre los "ricos" y los "pobres" del mundo y provocar conflictos políticos y sociales. La colonización de Marte puede requerir un fuerte gobierno centralizado para garantizar la supervivencia de sus habitantes, lo que daría lugar a una nueva forma de autoritarismo o incluso de dictadura. Las implicaciones sociales y culturales de la colonización de Marte son igualmente complejas. La creación de una nueva sociedad humana en un planeta lejano implicaría casi con toda seguridad el abandono de las normas culturales y convenciones sociales tradicionales, lo que llevaría a la creación de nuevas culturas híbridas difíciles de prever o concebir con antelación. Esto podría conducir a una pérdida de diversidad y riqueza cultural, así como a la erosión de los valores sociales tradicionales. Al mismo tiempo, el mero hecho de colonizar Marte supondría un profundo logro cultural y social, que podría inspirar a la humanidad para lograr grandes cosas juntos, en nombre del progreso y la supervivencia. La cuestión de si la colonización de Marte es ética o no se reduce a nuestra responsabilidad como especie. A medida que nos enfrentamos a los retos de la superpoblación, el cambio climático y el agotamiento de los recursos, se nos pide que equilibremos nuestras aspiraciones de progreso con nuestra responsabilidad hacia el planeta y todos sus habitantes. Aunque la colonización de Marte pueda parecer la solución definitiva a nuestros problemas, no está exenta de importantes implicaciones éticas y sociales que deben considerarse y abordarse. Sólo reconociendo y abordando estas implicaciones podremos avanzar hacia un futuro en el que podamos vivir en armonía tanto con la Tierra como con el universo en general.

IMPLICACIONES SOCIALES Y ÉTICAS: IDENTIDAD Y PATRIMONIO CULTURAL DE LA HUMANIDAD

La decisión de colonizar Marte podría tener un impacto significativo en la identidad y el patrimonio cultural de la humanidad. El hecho de dejar atrás la Tierra para empezar de nuevo en otro planeta plantea interrogantes sobre lo que significa ser humano y nuestro lugar en el universo. La colonización de otro planeta podría cambiar fundamentalmente nuestra comprensión de nosotros mismos y nuestra relación con el mundo natural. Podría provocar la pérdida del patrimonio cultural al centrarse la atención en la creación de una nueva sociedad en Marte.

Una de las principales implicaciones sociales y éticas de la colonización de Marte es el impacto potencial que puede tener en la identidad de la humanidad. Dejar atrás la Tierra y empezar de nuevo en Marte podría dar lugar a una redefinición de lo que significa ser humano. Vivir en un entorno completamente distinto, con recursos y desafíos diferentes, podría obligarnos a adaptarnos y evolucionar de formas que aún no podemos imaginar. Algunos sostienen que esto podría llevar a una pérdida de nuestra conexión con el mundo natural y a un cambio hacia una existencia más artificial y mecánica. Otros sostienen que podría dar lugar a una nueva apreciación de nuestro lugar en el universo y a una revitalización de nuestro sentido de la maravilla y la curiosidad. Además del impacto en nuestra identidad como humanos, la colonización de Marte también plantea cuestiones sobre la conservación de nuestro patrimonio cultural. Al centrarnos en construir una nueva sociedad en Marte, podemos descuidar o incluso perder aspectos de nuestro patrimonio cultural que nos han definido durante generaciones. La distancia física entre la Tierra y Marte, así como el tiempo y los recursos necesarios para establecer una nueva colonia, podrían agravar este problema. Aunque se hagan esfuerzos para preservar nuestro patrimonio cultural, por ejemplo, mediante la digitalización y el almacenamiento de información, no está claro hasta qué punto pueden ser eficaces a largo plazo. La posible pérdida del patrimonio cultural no es un concepto nuevo y ha sido motivo de preocupación a lo largo de la historia de la humanidad. Las circunstancias únicas de la colonización de Marte presentan una serie de retos y oportunidades que requieren una cuidadosa consideración. En este sentido, debemos ser conscientes de la forma en que abordamos la colonización de Marte y asegurarnos de que nuestras acciones no van en detrimento de nuestro patrimonio cultural. Más allá de estas preocupaciones inmediatas, el impacto a largo plazo de la colonización de Marte sobre la identidad y el patrimonio cultural de la humanidad es difícil de predecir. Es posible que nuestra comprensión de nosotros mismos y de nuestro lugar en el universo evolucione de forma beneficiosa, dando lugar a una nueva era de descubrimientos científicos e intercambios culturales. Otra posibilidad es que nos volvamos más insulares y desconectados del mundo natural, lo que provocaría una pérdida de biodiversidad y de recursos naturales que, perjudicaría nuestra supervivencia. Sea cual sea el resultado, las implicaciones sociales y éticas de la colonización de Marte exigen una reflexión profunda y un diálogo permanente. Debemos ser conscientes de los beneficios y riesgos potenciales, y asegurarnos de que nuestras acciones se ajustan a nuestros valores y principios como sociedad. Aunque la decisión de colonizar Marte puede estar motivada por la necesidad de supervivencia, también debe estar respaldada por un compromiso de responsabilidad social y medioambiental. El debate sobre las implicaciones sociales y éticas de la colonización de Marte es complejo y polifacético. Preocupa el impacto que pueda tener sobre la identidad y el patrimonio cultural de la humanidad, así como la posible pérdida de biodiversidad y recursos naturales tanto en la Tierra como en Marte. Al mismo tiempo, existe la esperanza de que la colonización de Marte pueda conducir a una nueva era de descubrimientos científicos, innovación e intercambio cultural. La decisión de colonizar Marte es un reflejo de nuestros valores y prioridades colectivos como sociedad, y debe abordarse con cuidado y consideración hacia todas las partes implicadas.

IMPACTO EN DERECHOS HUMANOS, JUSTICIA SOCIAL E IGUALDAD

La colonización de Marte es una empresa compleja y polifacética que plantea numerosos problemas éticos y sociales, entre ellos los relacionados con los derechos humanos, la justicia social y la igualdad. En primer lugar, la colonización de Marte debe equilibrar los intereses de todas las partes implicadas en el proceso de colonización: los colonizadores, la vida indígena en Marte y la población humana en la Tierra. Para garantizar que el proceso de colonización se lleve a cabo de forma ética, deben establecerse salvaguardias para gestionar los riesgos asociados a la posible explotación del entorno marciano y sus recursos. Es importante recordar que la idea de colonizar otro planeta plantea la cuestión de quién decide qué vidas y formas de vida se consideran valiosas y qué vidas y formas de vida son desechables o prescindibles. Esto pone de relieve las grandes cuestiones éticas que rodean la expansión de la presencia humana en el espacio, y cómo las tecnologías, políticas y decisiones asociadas pueden privilegiar a unas poblaciones sobre otras. La colonización de Marte plantea varias cuestiones relacionadas con la justicia social. Por ejemplo, la selección de los primeros colonizadores marcianos puede basarse en criterios que institucionalicen la desigualdad y beneficien a los ricos o poderosos. Esto puede profundizar las disparidades existentes en el acceso a los recursos y las oportunidades. La colonización también puede exacerbar las desigualdades de género y raciales. No es ningún secreto que la industria espacial sigue siendo predominantemente blanca y masculina, y la explotación de los recursos marcianos con ánimo de lucro puede privar aún más de sus derechos a las comunidades marginadas. A su vez, esto podría provocar inestabilidad social y política, como ya ha ocurrido en el pasado. Otra consideración importante es el impacto que la colonización puede tener sobre los derechos humanos. Aunque la Declaración de Derechos Humanos de la ONU no se aplique directamente al entorno marciano, los principios que sustentan este documento, como el reconocimiento de la dignidad humana, la libertad, la igualdad y la justicia, deberían seguir guiando las actividades humanas en Marte. Garantizar el respeto de los derechos humanos durante la colonización será especialmente complejo debido a las limitaciones institucionales y tecnológicas que existirán en las primeras colonias. Por ejemplo, la disponibilidad de recursos como agua, alimentos y refugio puede ser limitada en las primeras fases de la colonización, lo que podría llevar a que algunos individuos ocuparan posiciones de poder para ejercer el control sobre los escasos recursos. En el peor de los casos, esto podría dar lugar a violaciones de los derechos humanos, como la explotación, la discriminación e incluso la esclavitud. Está la cuestión potencial de cómo la colonización de Marte puede afectar a los que permanecen en la Tierra. Si las prioridades siguen inclinándose hacia las ambiciones de los ricos y poderosos, podría contribuir a un mayor sufrimiento para los que sufren los efectos del cambio climático, la reducción del acceso a los recursos y la inestabilidad política. Esto es especialmente relevante cuando se piensa en cómo los esfuerzos de colonización interplanetaria afectarán a las poblaciones que ya están experimentando los efectos perjudiciales de las prácticas insostenibles de la Tierra y cuyo desplazamiento puede hacerlas más

112

vulnerables. Está claro que la colonización de Marte es una empresa compleja y polifacética que plantea numerosos problemas sociales, éticos y de derechos humanos. Es importante sopesar los beneficios de la exploración y la colonización interplanetarias y tenerlos en cuenta en el diseño, la planificación y la elaboración de políticas. La mejor manera de garantizar que la colonización se lleve a cabo de forma ética y justa es implicar a una amplia base de actores en el proceso de toma de decisiones en los distintos sectores (por ejemplo, gobierno, sector privado, sociedad civil). Los esfuerzos humanos deben ser conscientes de las inevitables compensaciones que surgirán y seguir aspirando a resultados que den prioridad a la justicia, la equidad y las consideraciones éticas por encima de las ganancias inmediatas y el poder.

IMPLICACIONES SOCIALES Y ÉTICAS vs. OTRAS POSIBLES SOLUCIONES

Aunque la colonización de Marte pueda parecer una solución prometedora a nuestros problemas actuales, es importante considerar las posibles implicaciones sociales y éticas de este planteamiento. En primer lugar, la colonización de Marte requeriría una importante inversión financiera y plantea la cuestión de si los gobiernos deberían priorizarla sobre otras cuestiones acuciantes como la reducción de la pobreza, la sanidad y la educación. La colonización de Marte podría conllevar la explotación de recursos y el posible desplazamiento de las especies marcianas autóctonas. Esto plantea problemas éticos sobre el uso adecuado de los recursos y las consecuencias de perturbar un ecosistema del que sabemos muy poco. En comparación, soluciones como la reducción de las emisiones de carbono y la inversión en fuentes de energía renovables son mucho más respetuosas con el medio ambiente y plantean menos problemas éticos. Otra posible solución es la exploración de formas alternativas de energía, como la nuclear o la de fusión. Aunque la energía nuclear tiene sus propias implicaciones éticas, como los riesgos asociados a los residuos nucleares, en general se considera una solución más viable que la colonización de Marte, puesto que ya se ha aplicado con éxito en muchos países del mundo. La energía de fusión, que consiste en aprovechar la energía de las reacciones nucleares de forma controlada, aún está en fase de desarrollo, pero tiene el potencial de cambiar las reglas del juego en términos de producción de energía. A diferencia de la colonización de Marte, estas soluciones tienen un riesgo mucho menor de daños medioambientales y desplazamiento de hábitats. La colonización de Marte también tiene implicaciones sociales. La idea de vivir en otro planeta puede parecer emocionante, pero es importante tener en cuenta quién tendrá la oportunidad de hacerlo. Como ocurre con la mayoría de los avances tecnológicos, los ricos serían probablemente los primeros en beneficiarse de la colonización de Marte, dejando atrás al resto de la sociedad. Esto suscita preocupación por la desigualdad social y la posibilidad de que aumente la brecha entre ricos y pobres. Por el contrario, soluciones como la agricultura sostenible, que implican capacitar a las comunidades locales para producir sus propios alimentos y reducir la dependencia de las grandes corporaciones, tienen el potencial de promover una distribución más equitativa de los recursos. Es importante considerar la viabilidad de la colonización de Marte en primer lugar. Aunque los avances tecnológicos nos han acercado a hacer de esto una realidad, todavía hay muchas incógnitas cuando se trata de vivir en otro planeta. Factores como el impacto de los viajes espaciales de larga duración en el cuerpo humano, la capacidad de producir alimentos y fuentes de agua sostenibles, y la capacidad de adaptarse a un clima y un entorno completamente diferentes plantean dudas sobre la viabilidad de la colonización de Marte. En comparación, soluciones como la captura y almacenamiento de carbono, que consiste en capturar el dióxido de carbono de las centrales eléctricas y almacenarlo bajo tierra, ya se han probado y aplicado con éxito en determinadas zonas. Aunque la colonización de Marte pueda parecer una perspectiva apasionante, es importante tener en cuenta las posibles implicaciones sociales y éticas, así como la viabilidad de este planteamiento.

Aunque soluciones como las energías renovables, la energía nuclear, la agricultura sostenible y la captura y el almacenamiento de carbono pueden no ser tan glamurosas, tienen el potencial de reducir nuestro impacto sobre el medio ambiente y promover una distribución más equitativa de los recursos. Mientras seguimos buscando soluciones a nuestros problemas actuales, es importante evaluar críticamente todos los enfoques potenciales y considerar las consecuencias a largo plazo que pueden tener para nuestro planeta y sus habitantes. No cabe duda de que la población cada vez mayor de la Tierra, combinada con el agotamiento de las fuentes naturales de recursos y la amenaza global del cambio climático, ha planteado crisis existenciales que amenazan la supervivencia misma de la humanidad. A pesar de los numerosos esfuerzos para mitigar estos retos, la realidad parece ser que la Tierra puede no ser capaz de sostener la vida humana durante mucho más tiempo. Desde esta perspectiva, la esperanza para la supervivencia de la humanidad se ha desplazado hacia la exploración y colonización de Marte. Aunque Marte tiene sus propios retos, sigue siendo una alternativa viable para la supervivencia humana. El proyecto de colonización plantea oportunidades únicas en términos de exploración científica, avance tecnológico, desarrollo económico y, lo que es más importante, garantiza la supervivencia a largo plazo de la humanidad más allá de la Tierra. Esta perspectiva ha atraído la atención de investigadores, ingenieros y entusiastas de todo el mundo, culminando en diversas iniciativas encaminadas a hacer realidad la colonización de Marte. El éxito del proyecto depende de varios factores interdependientes como el transporte, las infraestructuras y la gestión de recursos, todos ellos orientados a lograr un hábitat humano sostenible y viable en Marte. Una de las principales preocupaciones para la colonización de Marte es el transporte. Marte está aproximadamente a 140 millones de millas de la Tierra, lo que se traduce en unos seis meses de viaje. Actualmente no se conoce ninguna tecnología que pueda transportar a los humanos a Marte en menos tiempo, pero los científicos están investigando y probando posibles formas de reducir el tiempo de viaje. El objetivo es que el transporte a Marte sea lo más rápido y eficaz posible. Con el avance de la tecnología de exploración espacial, los investigadores creen que dentro de unas décadas podría existir una tecnología que sustituyera o complementara la tecnología actual de las naves espaciales para mejorar la propulsión y reducir el tiempo de viaje y hacer práctico un proyecto de este tipo. Por ejemplo, la propulsión iónica es una tecnología prometedora que se anuncia como sustituta de los sistemas tradicionales de propulsión de cohetes. La propulsión iónica facilita un viaje más suave y rápido por el espacio, pero su aplicación en naves más grandes capaces de transportar seres humanos aún está en fase de investigación y pruebas. El éxito del proyecto de Marte, por tanto, requeriría una inversión significativa en investigación y tecnología innovadora que pueda facilitar un transporte rápido, eficiente y seguro a Marte. Otro factor crítico a tener en cuenta es el desarrollo de infraestructuras en Marte. Un hábitat humano en Marte requeriría la construcción de importantes infraestructuras, desde la generación de energía, el suministro de agua y aire, la producción de alimentos y los sistemas de gestión de residuos. Estas infraestructuras requerirían un mantenimiento y una actualización constantes, dado el entorno hostil de Marte. Marte carece de magnetosfera protectora, lo que lo hace especialmente vulnerable a la radiación solar y a otros rayos cósmicos nocivos. Esta radiación supone un alto riesgo de cáncer, mutación del ADN y otros peligros para la salud de los habitantes de Marte. Un aspecto crítico del desarrollo de la infraestructura sería establecer escudos antirradiación adecuados u otras tecnologías para reducir la exposición a la radiación cósmica y mantener la salud y la seguridad de los astronautas. El establecimiento de una infraestructura sostenible y fiable en Marte requeriría una tecnología robusta y soluciones de ingeniería innovadoras que aprovechen de forma sostenible los recursos de Marte y los gestionen de forma eficiente. El reto de la gestión de recursos es fundamental para establecer un hábitat humano viable y sostenible en Marte. A pesar de sus similitudes con la Tierra, Marte plantea retos únicos en términos de acceso y gestión de recursos. Por ejemplo, el agua, un recurso crítico necesario para la supervivencia humana, es escasa en Marte. Para proporcionar agua y otros recursos necesarios a los habitantes humanos, el entorno marciano requeriría importantes soluciones de gestión de recursos que incluyeran el reciclaje y la regeneración de recursos como el agua y el uso eficiente de otros recursos, como minerales y metales. Habría que crear una infraestructura de producción de alimentos para garantizar un suministro adecuado de alimentos frescos para los habitantes humanos de Marte. El avance de la tecnología en ingeniería y agricultura es importante para estudiar el crecimiento de los cultivos en el duro entorno marciano. El éxito de la gestión de los recursos depende de la disponibilidad de recursos adecuados, del desarrollo de tecnologías innovadoras y de los acuerdos socioeconómicos que garanticen una distribución y gestión equitativas y eficaces de los recursos en Marte. La exploración y eventual colonización de Marte ofrecen un rayo de esperanza a la humanidad que se enfrenta a retos monumentales que amenazan su propia existencia. El proyecto de colonización es inmensamente prometedor en varios aspectos, que van desde la exploración científica, el desarrollo económico y el avance tecnológico hasta la supervivencia a largo plazo de la humanidad más allá de la Tierra. El éxito del proyecto depende de numerosos factores interdependientes que requieren una inversión significativa en investigación, tecnología innovadora y un desarrollo integral de infraestructuras y gestión de recursos. La oportunidad que ofrece el proyecto de colonización de Marte es enorme, y los beneficios potenciales superan con creces los retos que tenemos por delante. Con esfuerzo colectivo, inversión en investigación y desarrollo innovadores, y determinación, la humanidad puede superar los retos de la Tierra y establecer un hábitat humano sostenible y viable en el Planeta Rojo.

IX. EL PAPEL DE LAS ENTIDADES PRIVADAS Y PÚBLICAS

Ante el abrumador reto de colonizar Marte, nunca se insistirá lo suficiente en el papel que desempeñan tanto las entidades privadas como las públicas. Mientras que el sector público desempeña un papel vital en la financiación y exploración del Planeta Rojo, el sector privado puede facilitar la viabilidad comercial de la misión a Marte. Entidades públicas como la NASA, la Agencia Espacial Europea y la Administración Espacial Nacional China son los principales actores en la exploración de Marte, con la NASA a la cabeza. Desde la década de 1960, la NASA ha explorado Marte, con varias sondas y vehículos exploradores que han aterrizado en la superficie del planeta. La agencia tiene en marcha numerosas misiones a Marte, como la misión exploradora Mars 2020 Perseverance o la misión Mars Sample Return, entre otras, destinadas a recopilar datos científicos que sirvan de apoyo a futuras misiones tripuladas a Marte. En cambio, el sector privado ve en la misión a Marte una oportunidad para comercializar la industria espacial. Empresarios como Elon Musk, Jeff Bezos y Richard Branson han invertido enormes sumas de dinero en la colonización de Marte, lo que podría desbloquear oportunidades económicas en el turismo espacial, la minería y la investigación. Entidades privadas como SpaceX, Blue Origin y Virgin Galactic desempeñan distintos papeles en la colonización de Marte. SpaceX, fundada por Elon Musk, se ha centrado en la colonización de Marte, con la misión de convertir a la humanidad en una especie multiplanetaria y reducir los riesgos de extinción en la Tierra. SpaceX ha sido fundamental en el desarrollo de la tecnología y la infraestructura necesarias para la colonización de Marte, como la nave espacial Starship, el cohete Super Heavy y el concepto Mars Base Alpha. El plan de Musk es hacer que la misión a Marte sea asequible para los humanos, lo que implica desarrollar naves espaciales y cohetes reutilizables. Del mismo modo, Blue Origin, fundada por Jeff Bezos, CEO de Amazon, está interesada en explorar Marte, la Luna y los asteroides, con vistas a lograr vuelos espaciales tripulados sostenibles. Blue Origin ha desarrollado cohetes y naves espaciales reutilizables, y trabaja en la tecnología de un módulo de aterrizaje lunar en colaboración con el programa Artemis de la NASA. Virgin Galactic, por su parte, se ha centrado en el turismo espacial, dando a la gente la oportunidad de probar los vuelos espaciales a un precio elevado y, por tanto, generando ingresos para la exploración y la investigación espaciales. La participación del sector privado no sólo se limita a la tecnología y las infraestructuras, sino que también se extiende a la financiación y la investigación. Las entidades privadas están financiando sus propias misiones a Marte, colaborando con agencias gubernamentales y universidades para avanzar en la investigación sobre Marte. Por ejemplo, SpaceX ha estado trabajando con la NASA y otras entidades privadas como Boeing, Lockheed Martin y Dynetics en el desarrollo de diferentes aspectos del programa Artemis. Blue Origin, a través de su misión Blue Moon, pretende aterrizar en la Luna y utilizarla potencialmente como puerta de entrada a Marte. Las entidades privadas también contribuyen a reducir el riesgo de la misión a Marte, ya que están dispuestas a asumir proyectos de alto riesgo que los gobiernos podrían rehuir. Esto, a su vez, puede allanar el camino para que otras entidades inviertan en la exploración y colonización de Marte, lo que en última instancia hace que sea más factible. El sector público desempeña un papel importante en la financiación y la regulación. La asignación de fondos por parte del gobierno a la exploración espacial es esencial, ya que el coste de la misión a Marte asciende a miles de millones de dólares. El presupuesto de la NASA para la misión a Marte fue de 2.800 millones de dólares en 2021, una parte significativa de su presupuesto global de 23.300 millones de dólares. Esta financiación se destina al desarrollo de naves espaciales, la investigación y el pago de los salarios de científicos, ingenieros y demás personal. La inversión gubernamental en la exploración de Marte proporciona una vía para el avance científico que no sería posible sin financiación pública, ya que los beneficios de la inversión pueden ser intangibles y a largo plazo. El gobierno también regula las actividades espaciales para garantizar la cooperación, colaboración y seguridad internacionales. El Tratado de las Naciones Unidas sobre el Espacio Ultraterrestre, ratificado por 110 países, regula y orienta las actividades de los Estados en materia de exploración y utilización del espacio, garantizando el uso pacífico y seguro del espacio ultraterrestre y los cuerpos celestes. Los gobiernos, por tanto, tienen un importante papel que desempeñar en la regulación y el mantenimiento de la cooperación internacional en la misión a Marte. Otro papel fundamental de las entidades públicas en la misión a Marte es la diplomacia. La misión a Marte es una misión global, en la que varios países desempeñan un papel importante. Países como Estados Unidos, Rusia, China, la Unión Europea y la India han desarrollado sus misiones a Marte y sus capacidades de investigación y tecnología. La cooperación en la exploración espacial puede promover las relaciones diplomáticas y forjar asociaciones que se extiendan a otras industrias de la economía mundial. La diplomacia pública puede, por tanto, facilitar colaboraciones internacionales que hagan avanzar la misión a Marte y promuevan el desarrollo económico. La misión a Marte requiere la colaboración de entidades públicas y privadas, cada una de las cuales desempeña un papel diferente. El papel del gobierno en la financiación, la regulación y la diplomacia y el papel del sector privado en el desarrollo de tecnología, infraestructuras y financiación son factores críticos para el éxito de la misión a Marte. Combinando recursos, experiencia tecnológica e inversión de capital, puede alcanzarse el objetivo de colonizar Marte. Esto puede desbloquear nuevas oportunidades económicas, hacer avanzar el conocimiento científico y garantizar la supervivencia de la humanidad frente a los desafíos globales.

ENTIDADES PRIVADAS Y PÚBLICAS

En la búsqueda de la colonización de Marte, tanto las entidades privadas como las públicas desempeñan papeles cruciales. Las entidades privadas, como SpaceX y Blue Origin, han sido pioneras en una nueva era de exploración espacial, centrada en abrir los viajes espaciales comerciales y reducir el coste del lanzamiento de misiones. Por el contrario, las entidades públicas, como la NASA y la Agencia Espacial Europea (ESA), están orientadas a la investigación científica y la exploración del universo. Esta dicotomía da lugar a una dinámica interesante, ya que las empresas privadas compiten por ofrecer soluciones más rentables para llegar a Marte, mientras que las entidades públicas utilizan sus presupuestos para garantizar que la exploración científica del planeta siga adelante. Entidades privadas como SpaceX, con sus cohetes reutilizables, están abaratando el coste de los viajes espaciales y haciendo que la colonización de Marte sea una empresa más factible. Al mismo tiempo, entidades públicas como la NASA y la ESA buscan desarrollar la tecnología necesaria para la sostenibilidad a largo plazo en Marte, incluyendo el desarrollo de hábitats, sistemas de transporte y fuentes de generación de energía. Tanto las entidades privadas como las públicas deben trabajar juntas para hacer realidad la colonización de Marte. Las empresas privadas pueden aportar la ambición y la financiación necesarias para lanzar misiones espaciales, mientras que las entidades públicas pueden aportar la experiencia científica y la supervisión necesarias para garantizar el éxito del proceso de colonización. Juntos, pueden crear una colonia marciana sostenible que sirva de futuro hogar potencial para la humanidad. La colaboración entre los sectores público y privado en un proyecto de colonización de Marte podría dar lugar a nuevos avances tecnológicos e innovaciones que podrían utilizarse en futuras misiones de exploración espacial. La supervivencia de la humanidad puede depender de nuestra capacidad para colonizar Marte con éxito, y tanto las entidades privadas como las públicas tienen un papel fundamental que desempeñar para hacer realidad esa visión.

EVALUACIÓN DE LOS CONFLICTOS ENTRE ENTIDADES PRIVADAS Y PÚBLICAS

Es crucial para comprender los retos que plantea la exploración espacial. La industria espacial está creciendo rápidamente, liderada por entidades privadas como SpaceX, Blue Origin y Virgin Galactic. A medida que las empresas privadas comienzan a encabezar la exploración espacial, podrían surgir conflictos relativos a los derechos de propiedad, la seguridad nacional e incluso la propiedad de los recursos extraterrestres entre los organismos gubernamentales y las entidades privadas. El Tratado de las Naciones Unidas sobre el Espacio Ultraterrestre, que regula la exploración y utilización del espacio exterior, reconoce que el espacio es patrimonio común de toda la humanidad. Las empresas privadas pueden intentar reclamar y explotar los recursos que se encuentran en otros planetas. Esto podría dar lugar a disputas con los gobiernos sobre la propiedad y los derechos de explotación, así como con otras empresas privadas. Las entidades privadas también plantean problemas de seguridad nacional, sobre todo para los países con importantes intereses geopolíticos en el espacio. En caso de conflicto entre estos países, las entidades privadas podrían convertirse en un lastre, ya que podrían no estar obligadas a respetar los intereses de seguridad nacional o las fronteras diplomáticas. La cuestión de los derechos de propiedad intelectual en el espacio es complicada. Es probable que las entidades privadas inviertan importantes recursos en el desarrollo de nuevas tecnologías para la exploración del espacio y la explotación de recursos. Estas entidades no deben infringir las patentes gubernamentales, los derechos de autor u otras tecnologías patentadas que puedan existir. Del mismo modo, los gobiernos también deben proteger los derechos de propiedad intelectual de las entidades privadas, con el fin de incentivar una mayor inversión en la exploración espacial. Equilibrar los intereses de las entidades privadas y los gobiernos en la exploración espacial es crucial para el crecimiento continuado de la industria y para garantizar que la humanidad pueda seguir explorando y utilizando con confianza los recursos del espacio exterior.

ENTIDADES PRIVADAS vs. ENTIDADES PÚBLICAS

A medida que la perspectiva de la colonización humana de Marte se hace cada vez más plausible, hay dos categorías clave de instituciones que se disputan un papel en el proyecto: organismos públicos como la NASA y empresas privadas como SpaceX. Aunque tanto las entidades públicas como las privadas han avanzado mucho en el desarrollo de la tecnología y los conocimientos necesarios para la exploración de Marte, hay varias diferencias clave entre sus planteamientos que merece la pena examinar. Uno de los contrastes más significativos entre las entidades públicas y privadas es la forma en que se financian. Las organizaciones públicas como la NASA están financiadas por los gobiernos, lo que significa que están sujetas a los caprichos de los políticos y a la disponibilidad de fondos públicos. En cambio, las empresas privadas están financiadas por inversores, lo que les permite un mayor grado de flexibilidad en cuanto a sus operaciones. Esto significa que las empresas privadas a menudo pueden actuar con mayor rapidez y eficacia que las entidades públicas, ya que no necesitan pasar por los mismos procesos burocráticos. Por ejemplo, SpaceX ha podido avanzar rápidamente en sus esfuerzos por colonizar Marte gracias en parte a la abundante financiación que ha recibido de inversores privados. Aunque la NASA lleva mucho tiempo interesada en la exploración de Marte, su presupuesto ha estado sujeto a importantes fluctuaciones a lo largo de los años. Esto ha dificultado que la agencia establezca una línea de actuación coherente, ya que cada administración presidencial ha tenido prioridades diferentes para la NASA. Por el contrario, SpaceX tiene una visión clara de sus esfuerzos de colonización de Marte, y ha sido capaz de invertir fuertemente en investigación y desarrollo sin ninguna de las incertidumbres políticas que pueden dificultar los planes a largo plazo de una entidad pública. Otra diferencia clave entre entidades públicas y privadas es su enfoque de la colaboración. Las organizaciones públicas como la NASA suelen depender de la colaboración con otras organizaciones, incluidas otras entidades gubernamentales y empresas privadas. Esto puede dificultar que las entidades públicas mantengan la coherencia y el control de sus proyectos, ya que trabajan con un amplio abanico de partes interesadas. Por el contrario, empresas privadas como SpaceX tienen un gran control sobre sus operaciones, lo que les permite trabajar de forma más independiente y tomar decisiones con rapidez. Esto puede ser especialmente útil cuando se trata de investigación y desarrollo, ya que una empresa como SpaceX puede centrarse en desarrollar las tecnologías que necesita sin verse limitada por las exigencias de partes interesadas externas. Al mismo tiempo, las entidades públicas como la NASA tienen acceso a una gama más amplia de recursos que las empresas privadas. Por ejemplo, la NASA ha podido aprovechar la experiencia y los conocimientos de generaciones de astronautas y científicos, así como los recursos del gobierno estadounidense. Esto ha permitido a la agencia desarrollar tecnologías y estrategias basadas en décadas de experiencia e investigación. Por el contrario, las empresas privadas como SpaceX parten de cero en lo que respecta a la colonización de Marte, y deben confiar en sus propios esfuerzos de investigación y desarrollo para avanzar. Quizá la mayor ventaja que tienen las empresas privadas sobre las entidades públicas en lo que respecta a la colonización de Marte es su capacidad para asumir riesgos. Las entidades públicas como la NASA están sometidas a un gran escrutinio, tanto por parte de los políticos como del público en general. Esto puede dificultar que se arriesguen con tecnologías o estrategias no probadas, ya que pueden ser objeto de críticas si las cosas salen mal. Las empresas privadas, en cambio, son libres de asumir riesgos en sus esfuerzos por colonizar Marte sin temor al mismo nivel de crítica. Esto puede ser especialmente útil cuando se trata de desarrollar nuevas tecnologías o estrategias, ya que las empresas son libres de experimentar e innovar sin preocuparse por las posibles consecuencias del fracaso. Tanto las entidades públicas como las privadas han realizado importantes avances en sus esfuerzos por colonizar Marte. Mientras que entidades públicas como la NASA han liderado tradicionalmente la explotación espacial, el auge de empresas privadas como SpaceX ha abierto nuevas posibilidades para la colonización de Marte. El enfoque ideal para la colonización de Marte puede estar en algún lugar entre estos dos polos, aprovechando los puntos fuertes de las entidades públicas y privadas para crear un esfuerzo integral y coordinado que pueda lograr el objetivo de un asentamiento humano en Marte. El concepto de colonización de Marte ha sido un tema de debate en la comunidad científica durante décadas, suscitado por la idea de un plan de reserva para la humanidad en caso de catástrofes en la Tierra. A medida que los problemas de la superpoblación, el agotamiento de los recursos naturales y el calentamiento global siguen siendo motivo de preocupación, la idea de colonizar Marte se ve cada vez más como una posible solución a estos problemas. Con empresas como SpaceX y la NASA dedicando recursos a explorar la posibilidad de establecer una colonia en el Planeta

Rojo, crece la esperanza de que la humanidad pueda asegurar su supervivencia más allá de la Tierra. Los beneficios de una colonia en Marte podrían incluir el desarrollo de nuevas tecnologías, la realización de investigaciones científicas y la posibilidad de una vida sostenible en un entorno hostil. También existen numerosos retos, como el desgaste físico y psicológico de los viajes espaciales de larga duración y las dificultades de construir y mantener una colonia autosuficiente en un planeta estéril con un entorno hostil. Pero con el futuro de la humanidad en juego, la exploración de Marte ofrece un rayo de esperanza para un mañana mejor.

X. LOS COSTES DE LA COLONIZACIÓN DE MARTE

Uno de los mayores retos de la colonización de Marte es el elevado coste económico que conlleva. Se calcula que establecer un asentamiento humano sostenible en Marte costaría miles de millones de dólares. Se calcula que el plan actual de la NASA para enviar humanos a Marte en la década de 2030 costará al menos 20.000 millones de dólares. Este es sólo el coste inicial de enviar una misión tripulada a Marte y no incluye el coste de construir un asentamiento permanente en el planeta rojo. El coste de construir la infraestructura necesaria para la vida humana en Marte, incluyendo de vida humana en Marte, incluidos los hábitats, los sistemas de soporte vital y el transporte.

La colonización de Marte también conlleva costes operativos. Una vez establecido un asentamiento permanente, necesitará un suministro constante de recursos y un mantenimiento regular para garantizar su sostenibilidad. Esto requerirá una importante inversión de recursos y mano de obra. El coste del transporte de personas y suministros hacia y desde Marte será extremadamente elevado. La distancia entre la Tierra y Marte significa que una misión de ida y vuelta a Marte llevará entre 1 y 3 años, dependiendo de la posición de los planetas en sus respectivas órbitas. El coste del combustible sería enorme. Además de los costes financieros, la colonización de Marte plantea importantes retos tecnológicos. Establecer un asentamiento humano autosuficiente en otro planeta requeriría una serie de tecnologías avanzadas que actualmente no existen. Uno de los mayores retos es desarrollar un sistema de soporte vital sostenible que pueda proporcionar los recursos necesarios, como aire, agua y alimentos, para mantener la vida humana en Marte. Para ello se necesitarán una serie de tecnologías innovadoras, como sistemas hidropónicos avanzados para cultivar en el duro entorno marciano, y sofisticados sistemas de reciclaje para recuperar y reutilizar los productos de desecho. Desarrollar y probar estas tecnologías requerirá probablemente importantes inversiones en investigación y desarrollo. Otro reto tecnológico es el desarrollo de un sistema de transporte que pueda trasladar con seguridad y eficacia personas y suministros a Marte y desde Marte. Para ello será necesario desarrollar sistemas de propulsión avanzados que puedan hacer frente a la distancia extrema y a las duras condiciones de los viajes espaciales. Las actuales tecnologías de exploración espacial, como los motores químicos para cohetes, no son lo bastante potentes para realizar el viaje a Marte de forma eficiente. El desarrollo de tecnologías de propulsión más avanzadas, como cohetes nucleares o propulsores iónicos, requerirá una importante labor de investigación y desarrollo, así como pruebas en el espacio. A pesar de los importantes retos que plantea la colonización de Marte, muchos sostienen que es un paso necesario para que la humanidad garantice su supervivencia a largo plazo. La superpoblación, el agotamiento de los recursos naturales y el calentamiento global amenazan la existencia de nuestra especie en la Tierra. Colonizar Marte podría proporcionar un plan de reserva para la supervivencia de la humanidad en caso de catástrofe, como el impacto de un gran asteroide o una guerra nuclear masiva. También podría ofrecer nuevas oportunidades para la investigación científica y la innovación tecnológica. Por ejemplo, el estudio de la geología y el entorno únicos de Marte podría aportar información sobre la historia y la evolución del sistema solar y del universo en su conjunto. El desarrollo de las tecnologías necesarias para la colonización de Marte también podría tener beneficios de gran alcance, como sistemas de transporte más eficientes y sostenibles, sistemas avanzados de soporte vital y nuevos materiales y procesos de fabricación. Colonizar Marte es un reto de enormes proporciones, pero necesario para la humanidad. Los costes financieros asociados a la colonización de Marte son elevados, pero se ven compensados por los beneficios potenciales de garantizar la supervivencia a largo plazo de nuestra especie y ofrecer nuevas oportunidades para la investigación científica y la innovación tecnológica. Es necesario superar importantes retos tecnológicos antes de que pueda establecerse un asentamiento humano sostenible en Marte. Estos retos incluyen el desarrollo de sistemas avanzados de soporte vital, sistemas de transporte y sistemas sostenibles de gestión de recursos. Abordar estos retos requerirá importantes inversiones en investigación y desarrollo, pero los beneficios potenciales justifican el gasto. La colonización de Marte representa un audaz paso adelante para la humanidad y una posible solución a algunas de las mayores amenazas existenciales a las que se enfrenta nuestra especie.

LOS COSTES DE COLONIZAR MARTE

Los costes financieros asociados a la colonización de Marte son inmensos y no pueden subestimarse. Se calcula que sólo las fases iniciales de la colonización superarán los miles de millones de dólares. En la actualidad, el coste de enviar una misión no tripulada a Marte ronda los 500 millones de dólares, mientras que enviar una misión tripulada podría costar hasta 2.500 millones de dólares. Para establecer una presencia humana permanente en el planeta rojo y apoyar el crecimiento de una civilización marciana autosuficiente, los costes podrían superar los billones de dólares. Se necesitará una cantidad significativa de fondos para la investigación y el desarrollo de nuevas tecnologías, como sistemas de propulsión, hábitats y sistemas de soporte vital, necesarios para establecer y mantener la vida humana en un planeta con entornos hostiles. Habrá que tener en cuenta los costes de construcción y de combustible de las naves espaciales, así como las provisiones para el mantenimiento de la vida humana en un planeta con entornos hostiles. También habrá que tener en cuenta los costes de construcción de naves espaciales y de combustible, así como las provisiones para el desarrollo de infraestructuras en la superficie del planeta, como redes eléctricas, redes de comunicación y transporte. En Marte podrían surgir problemas como la escasez de recursos, las condiciones meteorológicas extremas y los peligros asociados a la exposición prolongada a la radiación y la microgravedad. Todos estos factores hacen que las inversiones financieras necesarias para establecer una colonia autosuficiente en Marte sean de una magnitud y urgencia nunca vistas en la historia de la humanidad. El viaje a Marte no sólo es costoso, sino que también requiere una cantidad considerable de esfuerzo y recursos. La considerable distancia entre la Tierra y Marte significa que los astronautas tendrán que estar en el espacio más de ocho meses antes de llegar a la superficie marciana. El largo viaje requerirá sistemas técnicos avanzados e importantes cantidades de suministros de alimentos, agua y oxígeno. Aunque las innovaciones en la tecnología de propulsión han permitido que las naves espaciales lleguen a Marte mucho más rápido que las misiones anteriores, es necesario realizar avances significativos para evitar los daños físicos y mentales que conlleva la exposición prolongada a entornos de microgravedad. Sin avances tecnológicos y médicos avanzados, la exposición prolongada podría causar pérdida ósea, atrofia muscular y debilitamiento del sistema inmunitario de los astronautas. Los costes de una misión a Marte podrían tener un efecto dominó en las prioridades del gasto público. En la actualidad, los presupuestos públicos ya están al límite de su capacidad, y muchos países tienen que hacer frente a la deuda y el déficit. Algunos críticos han argumentado que los fondos necesarios para una misión a Marte deberían redirigirse a abordar problemas acuciantes en la Tierra. Por ejemplo, los fondos asignados a una sola misión a Marte podrían aliviar la situación de millones de personas que carecen de acceso a necesidades humanas básicas, como alimentos, agua y atención sanitaria. Los críticos también sostienen que los gobiernos deberían priorizar la resolución de problemas económicos y políticos acuciantes en la Tierra antes de invertir en exploración espacial. Sus defensores sostienen que las innovaciones desarrolladas durante la exploración espacial han dado lugar a mejoras en varios campos, como la medicina, las telecomunicaciones y la sostenibilidad medioambiental. Sostienen que una misión a Marte podría dar lugar a avances y beneficios similares. Una posible forma de reducir los costes de una misión a Marte es la cooperación internacional y las asociaciones entre el sector público y el privado. La comunidad internacional ya se ha unido en otras ocasiones para alcanzar objetivos comunes. Ejemplos de ello son la Estación Espacial Internacional, en cuya construcción y mantenimiento colaboraron varios países, y el programa Apolo, que consiguió llevar a los humanos a la Luna. Una colaboración internacional similar podría ser clave para el éxito y la rentabilidad de una misión a Marte. La cooperación entre culturas, sistemas políticos y marcos financieros diferentes puede tropezar con importantes obstáculos. Otra posible forma de financiar la exploración de Marte es a través de asociaciones público-privadas. Empresas privadas como SpaceX y Blue Origin, dirigidas por Elon Musk y Jeff Bezos, respectivamente, ya han expresado un gran interés en explorar Marte. Con sus vastos recursos y conocimientos técnicos, las empresas privadas podrían trabajar con gobiernos y organizaciones internacionales para establecer una colonia autosuficiente en Marte. Las asociaciones podrían reducir la carga financiera de cada país y, al mismo tiempo, permitir importantes inversiones en investigación, innovación e infraestructuras. Las empresas privadas también podrían generar nuevas fuentes de ingresos mediante inversiones en oportunidades comerciales en Marte, como la extracción de minerales raros o el establecimiento de industrias turísticas autosostenibles. Los costes financieros asociados a la colonización de Marte son considerables y requieren importantes inversiones en investigación, innovación, transporte y desarrollo de infraestructuras. Los gobiernos, las organizaciones internacionales y las empresas privadas deben trabajar juntos para reducir los costes y desarrollar soluciones prácticas a los retos únicos asociados a la colonización de Marte. La colonización de Marte representa la ambición, la inteligencia y el ingenio de la humanidad para establecer una civilización autosuficiente en el espacio. Aunque su coste podría ser astronómico, se trata de una inversión que podría reportar importantes beneficios científicos, tecnológicos, políticos y morales. La búsqueda de una misión a Marte requiere un audaz acto de fe, pero también podría conducir a uno de los mayores logros de la historia de la humanidad.

EVALUACIÓN DE LAS FUENTES DE FINANCIACIÓN

Se calcula que el coste de una misión tripulada a Marte oscila entre 100.000 y 500.000 millones de dólares, una cantidad asombrosa para que cualquier gobierno o entidad privada la financie únicamente con fuentes internas. Aunque la NASA lleva estudiando la posibilidad de realizar misiones tripuladas a Marte desde la década de 1960, la agencia se ha quedado corta debido tanto a una financiación insuficiente como a la falta de apoyo político. En los últimos años, empresas como SpaceX y Mars One han entrado en escena, ofreciendo una nueva dinámica para las fuentes de financiación. Mars One, fundada por Bas Lansdorp en 2011, anunció planes para establecer un asentamiento humano permanente en Marte con una fuente principal de financiación a través de un programa de televisión que documenta la selección y el entrenamiento de la tripulación. Aunque la idea de dar publicidad a la misión puede parecer controvertida, Mars One ha ganado un importante número de seguidores, lo que demuestra que existe un mercado para el espacio y el deseo del público de ver este tipo de programación. Sin ninguna garantía de que Mars One tenga éxito, a los críticos les preocupa que tal esfuerzo pueda ser un "colosal desperdicio de dinero para un proyecto de vanidad" (Amos, 2018). Por otro lado, SpaceX, fundada por Elon Musk en 2002, ha logrado avances significativos hacia la colonización de Marte y planea financiar su misión con iniciativas espaciales comerciales, como lanzamientos de satélites y planes de viajes espaciales comerciales. Según Musk, su objetivo es conseguir que el coste de un viaje a Marte sea aproximadamente equivalente al precio medio de una casa en Estados Unidos, unos 200.000 dólares, en las próximas décadas (Strauss, 2019). Aunque sin duda sigue siendo una empresa cara para el ciudadano medio, hace que una misión tripulada a Marte sea más plausible y realista. Los críticos de SpaceX argumentan que los objetivos de Musk son demasiado ambiciosos y poco realistas, dada la alta tasa de fracaso de los cohetes en los vuelos espaciales. Se plantean cuestiones éticas sobre la financiación de una misión a Marte cuando los fondos podrían destinarse a resolver problemas como el hambre y la pobreza en el mundo. Las fuentes de financiación de la colonización de Marte deben dar prioridad a las necesidades de la humanidad y, al mismo tiempo, garantizar un apoyo adecuado para hacer realidad el sueño de colonizar otro planeta.

COSTES DE LA COLONIZACIÓN DE MARTE vs. OTRAS POSIBLES SOLUCIONES

Aunque muchos científicos y empresarios creen que la colonización de Marte es la mejor oportunidad de supervivencia para la humanidad, otros sostienen que hay soluciones menos costosas y más prácticas que deberían perseguirse primero. Una de esas soluciones es centrarse en reducir las emisiones de gases de efecto invernadero en la Tierra, lo que podría ralentizar el ritmo del cambio climático y mitigar sus peores efectos. Según algunas estimaciones, esto podría lograrse por una fracción del coste de una misión inicial de colonización de Marte, que se espera que cueste miles de millones de dólares. Invertir en fuentes de energía renovables podría ayudar a reducir nuestra dependencia de los combustibles fósiles y minimizar el impacto del agotamiento de los recursos. Otra posible solución es centrarse en las tecnologías espaciales que podrían ayudarnos a comprender y gestionar mejor nuestro propio planeta. Por ejemplo, podrían utilizarse satélites y otros instrumentos de teledetección para vigilar los cambios medioambientales globales y seguir el movimiento de recursos críticos como el agua y los cultivos. Aunque estas estrategias no sean tan emocionantes ni tan glamurosas como una misión a Marte, podrían aportar importantes beneficios por una fracción del coste, lo que las convierte en una forma más práctica y eficaz de abordar los acuciantes retos a los que nos enfrentamos como especie. La decisión de llevar a cabo la colonización de Marte requerirá una cuidadosa consideración tanto de sus beneficios potenciales como de sus costes financieros,

143

junto con una clara comprensión de las otras soluciones que tenemos a nuestra disposición. La perspectiva de colonizar Marte ha cautivado la imaginación de científicos, responsables políticos y público en general. Con la superpoblación, el agotamiento de los recursos naturales y el calentamiento global como amenazas existenciales para la humanidad, muchos ven en el planeta rojo una posible solución para garantizar nuestra supervivencia. La idea de establecer un asentamiento humano en Marte no es nueva. Ya en la década de 1950, los científicos empezaron a explorar la posibilidad de enviar humanos al planeta. No ha sido hasta los últimos años cuando ha cobrado impulso un serio impulso para hacer realidad esta visión. Los avances tecnológicos, sobre todo en el campo de la exploración espacial, han hecho posible el envío de misiones no tripuladas a Marte, la recopilación de datos y conocimientos valiosos y el allanamiento del camino para la exploración humana. La creciente concienciación sobre la fragilidad de nuestro planeta y la urgente necesidad de preservar sus recursos ha desviado la atención hacia Marte como posible alternativa para sustentar la vida humana. Los defensores de la colonización de Marte argumentan que el planeta ofrece muchas ventajas sobre la Tierra. Para empezar, dispone de abundantes reservas de agua, que puede extraerse de sus casquetes polares. La atmósfera marciana, compuesta principalmente de dióxido de carbono, ofrece la posibilidad de la terraformación, un proceso que consiste en transformar un entorno para hacerlo más habitable para los humanos. Esto podría implicar, por ejemplo, bombear gases de efecto invernadero a la atmósfera para elevar su temperatura y crear un clima más parecido al de la Tierra. Otra ventaja de la colonización de Marte es su potencial para el descubrimiento científico y la innovación.

144

A medida que los humanos exploren el planeta y lleven a cabo investigaciones, podrán aprender más sobre sus procesos geológicos, químicos y biológicos, así como conocer mejor la historia y la formación de nuestro sistema solar. Este conocimiento podría tener implicaciones de gran alcance para nuestra comprensión del universo y la búsqueda de vida extraterrestre. La exploración y colonización de Marte podría impulsar avances en tecnología e ingeniería que podrían tener aplicaciones mucho más allá de la exploración espacial. Por ejemplo, el desarrollo de un hábitat sostenible y autosuficiente en Marte requeriría el desarrollo de nuevos sistemas y tecnologías para la producción de alimentos, la gestión de residuos y la generación de energía, todo lo cual podría tener aplicaciones en la Tierra. No hay que subestimar los retos y riesgos asociados a la colonización de Marte. El viaje a Marte por sí solo plantea importantes retos logísticos y de ingeniería, desde el desarrollo de naves espaciales que puedan transportar seres humanos de forma segura a través de la inmensa distancia hasta el diseño de hábitats que puedan soportar el duro entorno marciano. Una vez en Marte, los retos se multiplican. La atmósfera marciana es delgada y carece de protección contra los rayos cósmicos, la radiación solar y las fluctuaciones extremas de temperatura. Esto supone una grave amenaza para la salud de los futuros colonizadores y podría requerir el desarrollo de nuevas tecnologías y tratamientos médicos. El entorno marciano es ajeno a la vida humana, y los colonizadores tendrán que adaptarse a vivir en un entorno confinado, aislado y potencialmente peligroso. También hay consideraciones éticas que deben abordarse. La cuestión de quién tiene derecho a colonizar otro planeta y qué obligaciones conlleva es compleja y controvertida. Algunos sostienen que

Marte debe ser un patrimonio común de la humanidad, que debe compartirse y gestionarse colectivamente en beneficio de todos. Otros sostienen que Marte debe ser colonizado por empresas privadas o individuos ricos, que tendrán mayores incentivos y recursos para emprender esta costosa y arriesgada aventura. El potencial de conflicto político, económico y social entre los diferentes grupos de colonizadores de Marte es una posibilidad real, pero aún desconocida. A pesar de estos retos, la idea de colonizar Marte sigue siendo tentadora, y los avances en exploración espacial y tecnología la hacen cada vez más factible. Es importante reconocer que la colonización de Marte no es una solución milagrosa a los problemas de nuestro planeta. Debe verse como una pieza de un rompecabezas mayor, junto con los esfuerzos para abordar las causas profundas de la superpoblación, el agotamiento de los recursos naturales y el calentamiento global. Es importante abordar la colonización de Marte con una mentalidad de administración responsable, reconociendo las obligaciones éticas que conlleva aventurarse en un territorio desconocido. Sólo así podremos garantizar que la colonización de Marte no repita los errores del colonialismo y la explotación del pasado. El reto de colonizar Marte no es sólo una cuestión de tecnología o ingeniería, sino de imaginación, ética y visión.

XI. RIESGOS Y AMENAZAS

A pesar de los beneficios potenciales asociados a la colonización de Marte, es crucial examinar los riesgos y amenazas potenciales asociados a esta empresa. En primer lugar, la exploración espacial en sí misma puede ser peligrosa, y las misiones anteriores ofrecen claros ejemplos de los riesgos que entraña, como aterrizajes fallidos, fallos en las comunicaciones y accidentes mortales. Por tanto, es esencial dedicar tiempo y recursos considerables a garantizar la seguridad tanto del viaje como del establecimiento de una colonia en Marte. Crear una comunidad autosuficiente en un planeta tan alejado de la Tierra supondría superar numerosos retos tecnológicos y logísticos, como desarrollar fuentes de energía sostenibles y proporcionar un suministro fiable de alimentos. También está la cuestión de los riesgos psicológicos y mentales, ya que los periodos prolongados de aislamiento pueden provocar depresión, ansiedad y otros trastornos psicológicos. No se puede ignorar la posibilidad de conflictos sociales y políticos, ya que los recursos limitados, como los alimentos y el agua, pueden crear competencia y tensiones entre los colonos. Esto podría conducir a un deterioro del medio ambiente y amenazar el éxito de la colonia de Marte. Otro riesgo potencial que conlleva la colonización de Marte es el peligro de contaminar el planeta con microorganismos procedentes de la Tierra. Aunque Marte es inhóspito para la vida humana, es posible que exista cierta vida microbiana bajo su superficie o en su atmósfera. La introducción de organismos terrestres ya sea accidental o intencionada, podría suponer un riesgo importante para la vida marciana que pueda existir, y podría dar lugar a una contaminación irreversible del planeta. Deben establecerse protocolos estrictos para garantizar que cualquier equipo, material o personal enviado a Marte sea esterilizado a fondo, evitando la propagación de microbios terrestres en la polvorienta superficie marciana. Cualquier esfuerzo de colonización debe emprenderse también con un profundo compromiso de protección planetaria, para garantizar que la actividad humana en Marte no dañe el ecosistema del planeta, ya sea conocido o desconocido en la actualidad. Además de los riesgos medioambientales y logísticos, el establecimiento de una colonia en Marte conllevaría un elevado coste financiero que exigiría importantes inversiones en infraestructuras y tecnología. El coste inicial de las misiones a Marte ya es elevado: la misión del módulo de aterrizaje Mars InSight de la NASA tuvo un coste total de 830 millones de dólares. Establecer viviendas permanentes y mantener un ecosistema funcional en Marte requeriría muchos más recursos, una cifra que actualmente está fuera del alcance de la mayoría de los gobiernos y corporaciones. Un respaldo adecuado que pueda sostener el esfuerzo durante décadas o siglos requeriría probablemente una enorme cantidad de dinero y un apoyo político continuo, y los recortes presupuestarios que podrían llegar en cualquier momento podrían hacer descarrilar el empeño. Si una entidad privada financia este proyecto, se plantea la cuestión de quién gobierna el planeta y se plantean profundas cuestiones éticas en torno a la privatización de Marte.

Incluso si se estableciera con éxito, una colonia en Marte seguiría siendo un lugar precario con recursos limitados y la posibilidad constante de un fallo catastrófico. El duro entorno marciano presenta numerosos desafíos, como temperaturas extremas, altos niveles de radiación y tormentas de polvo que pueden durar meses. Cualquier fallo técnico podría poner en peligro la seguridad de toda la colonia, y la reparación o sustitución de equipos o suministros podría ser extremadamente difícil debido a la distancia y el tiempo de retraso que implica la comunicación con la Tierra. En caso de emergencia, no habría posibilidad de evacuar a los colonos del planeta, lo que subrayaría aún más la necesidad de una atención médica interplanetaria eficaz y del desarrollo de equipos. El retraso de una década entre la aparición de un problema, la transmisión de la situación a la Tierra, la posible planificación y desarrollo de una respuesta y el envío de las herramientas, los humanos, los robots o los materiales necesarios para resolver el problema podría ser catastrófico. Incluso con un apoyo continuado, el desarrollo y mantenimiento de la vida en Marte requerirá un compromiso multigeneracional y la capacidad de resistir retos extremos y emergencias inesperadas. Aunque la colonización de Marte puede ofrecer una solución prometedora a los problemas globales a los que se enfrenta la humanidad, está claro que la empresa conlleva riesgos y amenazas significativos que deben abordarse. Es fundamental salvaguardar la seguridad y la salud de los residentes de la colonia, así como desarrollar protocolos de protección medioambiental y planetaria que garanticen la sostenibilidad del ecosistema de Marte. La financiación, las infraestructuras, los avances tecnológicos y médicos y el apoyo político serán esenciales para establecer y mantener con éxito una colonia en Marte. La humanidad debe considerar cuidadosamente los costes potenciales antes de embarcarse en un viaje al planeta rojo, teniendo en cuenta los numerosos riesgos que conlleva, incluido el posible daño irreparable a uno de los pocos planetas de nuestro sistema solar que aún no ha sido explorado por el ser humano.

LOS RIESGOS: PROTECCIÓN PLANETARIA, CONTAMINACIÓN BIOLÓGICA Y MALESTAR SOCIAL

La perspectiva de la colonización de Marte conlleva multitud de riesgos y amenazas potenciales que hay que abordar antes de seguir adelante. Una de las principales preocupaciones es el impacto que puede tener en la protección planetaria. La posibilidad de introducir nuevas formas de vida o microorganismos en Marte podría provocar la contaminación del planeta y la destrucción de cualquier posible vida autóctona. Esta contaminación podría ser accidental, como resultado de los desechos humanos o microorganismos presentes en la superficie de los equipos utilizados en el proceso de colonización, o intencional, como parte de experimentos científicos o esfuerzos de terraformación. El Comité Internacional contra el Retorno de Muestras a Marte (ICAMSR) ha expresado su preocupación por el riesgo de devolver muestras de Marte a la Tierra y la posible contaminación de la biosfera terrestre. La contaminación biológica es otro riesgo importante asociado a la colonización de Marte. El cuerpo humano contiene numerosos microorganismos que son esenciales para mantener la vida en la Tierra, pero estos mismos microorganismos podrían suponer un riesgo en Marte, donde los organismos autóctonos no están adaptados a ellos. La incapacidad de contener todos los residuos humanos en el planeta podría provocar la propagación de enfermedades y bacterias nocivas que podrían tener repercusiones catastróficas en la salud humana y en el posible ecosistema marciano. Para mitigar esta amenaza, es necesario establecer normas y protocolos estrictos que impidan la propagación de cualquier microorganismo potencialmente dañino a la superficie marciana. Aparte de las preocupaciones sobre la protección planetaria y la contaminación biológica, también hay que tener en cuenta el potencial de malestar social. El proceso de colonización podría dar lugar a una serie de problemas políticos, sobre todo si las grandes empresas y naciones compiten por los recursos y el territorio de Marte. La posibilidad de explotación de los recursos marcianos podría dar lugar a importantes luchas socioeconómicas y de poder, en las que algunos grupos quedarían relegados o marginados. Esto, a su vez, podría provocar conflictos y disturbios tanto en la Tierra como en Marte. Los efectos psicológicos y sociales de estar aislados de la Tierra y vivir en un planeta con una atmósfera y gravedad diferentes podrían provocar problemas de salud mental y tensar las relaciones sociales. La perspectiva de colonizar Marte conlleva multitud de riesgos y amenazas potenciales que deben abordarse antes de seguir adelante. El impacto que puede tener sobre la protección planetaria y la contaminación biológica podría llevar a la destrucción de cualquier posible vida autóctona y a consecuencias catastróficas para la salud humana y el posible ecosistema marciano. No se puede ignorar el potencial de malestar político y social, ya que el proceso de colonización podría exacerbar las luchas de poder existentes y llevar a la marginación de determinados grupos. Para garantizar que la colonización de Marte se lleva a cabo con éxito, deben emplearse normas estrictas, protocolos y cooperación internacional, centrándose en salvaguardar la protección planetaria, prevenir la contaminación biológica y mitigar el malestar social.

CÓMO MITIGAR LOS RIESGOS Y AMENAZAS POTENCIALES

A pesar de lo prometedora que es la colonización de Marte, no cabe duda de que existen riesgos y amenazas que deben abordarse para que la humanidad prospere en el Planeta Rojo. Uno de los riesgos más acuciantes es el fisiológico y psicológico que puede tener en el cuerpo humano vivir en un entorno de baja gravedad durante periodos prolongados. En la Tierra, la gravedad proporciona la estimulación necesaria a nuestros sistemas musculoesquelético, cardiovascular y vestibular, pero estos mismos sistemas pueden sufrir una atrofia significativa cuando se exponen a niveles de gravedad mucho más bajos. El aislamiento y confinamiento que supone vivir en un entorno pequeño y autosuficiente como el de una colonia marciana puede provocar efectos psicológicos negativos como depresión, ansiedad y conflictos interpersonales. Para mitigar estos riesgos, será necesario desarrollar nuevas tecnologías y protocolos que proporcionen condiciones lo más parecidas posible a la gravedad y las condiciones ambientales de la Tierra. Una solución podría ser construir módulos habitables más grandes que permitan un mayor movimiento y actividad física y que puedan presurizarse para simular la presión atmosférica de la Tierra. El ejercicio frecuente y la fisioterapia serán esenciales para mantener la densidad ósea y muscular, y puede ser necesario un equipo especializado de "cama de gravedad" o "cama de rotación" que proporcione estimulación vestibular al tiempo que permite un sueño reparador. También existen importantes riesgos medioambientales que deben tenerse en cuenta en cualquier plan de colonización de Marte. Por un lado, Marte tiene recursos limitados, lo que significa que cualquier colonia tendrá que ser casi totalmente autosuficiente para prosperar. Con la posibilidad de que se produzcan tormentas de polvo y condiciones meteorológicas adversas, así como la dificultad de extraer recursos del suelo marciano, será esencial desarrollar y aplicar prácticas sostenibles, como sistemas de circuito cerrado que conserven y reciclen el agua, el aire y los residuos. La producción de energía también será un factor clave, ya que las colonias marcianas dependerán en gran medida de paneles solares o reactores nucleares. Habrá que tener muy en cuenta el impacto medioambiental de estas fuentes de energía y la eliminación segura de los residuos nucleares. El riesgo de contaminar el entorno marciano con microbios terrestres es una preocupación muy real. Será necesario desarrollar protocolos estrictos para la esterilización de equipos y otros materiales, así como para la eliminación de residuos que puedan contener bacterias o virus dañinos. Más allá de los riesgos físicos y medioambientales, existen también importantes consideraciones éticas que deben abordarse cuando se trata de la colonización de Marte. Por un lado, la propia empresa colonial plantea cuestiones sobre la propiedad y los derechos de propiedad. ¿A quién pertenece la tierra de Marte y quién tiene derecho a explotar sus recursos? Existe el riesgo de que el colonialismo en Marte refleje las prácticas explotadoras del colonialismo en la Tierra, con naciones o corporaciones ricas y poderosas que dominan y explotan a los colonos menos desarrollados. Para mitigar estos riesgos, será importante establecer normas claras y directrices éticas que den prioridad al bienestar y la autonomía de todos los colonos marcianos, independientemente de su estatus social o económico. Puede ser necesaria la supervisión y cooperación internacional en cualquier esfuerzo de colonización marciana. Existe el riesgo de que la colonización de Marte agrave los problemas existentes en la Tierra, en lugar de mejorarlos. Aunque el envío a Marte de comunidades terrestres superpobladas o con escasez de recursos puede reportar beneficios a corto plazo, en última instancia esta solución no aborda las causas profundas de esos problemas. Los recursos y la energía dedicados a una colonia marciana podrían emplearse mejor en resolver los problemas de la Tierra, por ejemplo, invirtiendo en tecnologías de energías renovables o abordando la desigualdad de ingresos y riqueza. Para mitigar este riesgo, será importante garantizar que la colonización marciana se lleve a cabo de tal manera que mejore, en lugar de restar, los esfuerzos en curso para hacer frente a los desafíos globales. Esto podría implicar la reorientación de recursos y conocimientos de industrias terrestres a industrias marcianas, o el desarrollo de tecnologías o prácticas en Marte que puedan adaptarse y aplicarse en la Tierra. La colonización de Marte representa una empresa importante y compleja, con multitud de riesgos y amenazas que deben considerarse y mitigarse cuidadosamente. Con una planificación cuidadosa, colaboración y previsión, es posible que la humanidad establezca una colonia próspera y sostenible en el Planeta Rojo. Si abordamos los riesgos físicos, medioambientales, éticos y sociales asociados a la colonización marciana, podremos garantizar que esta empresa beneficie a nuestra especie y a nuestro planeta en su conjunto, en lugar de perjudicarlos.

156

RIESGOS Y AMENAZAS POTENCIALES vs.
OTRAS POSIBLES SOLUCIONES

Aunque la colonización de Marte puede presentar una solución prometedora para abordar el problema de la superpoblación y el agotamiento de los recursos naturales, no es la única solución potencial. Otras soluciones, como los avances tecnológicos en energías renovables, la reducción de la huella de carbono y la mejora de las prácticas agrícolas sostenibles, entre otras, pueden resultar menos arriesgadas y más eficaces a largo plazo. Los riesgos y amenazas potenciales asociados a la colonización de Marte son numerosos y pueden superar a los beneficios. La propagación de enfermedades contagiosas, la exposición a la radiación y los problemas psicológicos son sólo algunos de estos riesgos potenciales. En primer lugar, la propagación de enfermedades contagiosas es una preocupación importante cuando se trata de la colonización de Marte. Debido a que el entorno marciano es tan diferente del terrestre, el sistema inmunitario humano podría no ser capaz de manejar los virus y bacterias desconocidos que existen en Marte. Si una enfermedad potencialmente contagiosa llegara a Marte desde la Tierra, podría propagarse rápidamente por toda la colonia y volverse incontrolable. Esto podría provocar muertes entre los colonos y poner fin al proyecto de colonización. En segundo lugar, la exposición a la radiación es otro riesgo potencial asociado a la colonización de Marte. La falta de un campo magnético significativo en Marte expone la superficie del planeta a la radiación solar y cósmica, que puede ser perjudicial para los seres humanos y otros

157

organismos vivos. Esta radiación puede provocar mutaciones genéticas, cáncer y otros problemas de salud, por lo que la exposición a largo plazo es un grave motivo de preocupación. Dado que Marte casi no tiene atmósfera, cualquier colono en la superficie marciana estaría expuesto a dosis de radiación similares a las que reciben los astronautas mientras viajan por el espacio.

En tercer lugar, los efectos que la colonización de Marte podría tener sobre la salud mental también son motivo de preocupación. El aislamiento y el confinamiento que supone vivir en Marte podrían tener un considerable impacto psíquico en los colonos, provocando altos niveles de estrés y depresión. La larga duración de la misión y la limitada interacción humana podrían provocar aburrimiento, soledad e incluso ansiedad. Incluso con el equipo de astronautas más cualificado y mejor entrenado, este tipo de aislamiento podría afectar negativamente al bienestar mental y emocional de los colonos. Al analizar estos riesgos y amenazas potenciales asociados a la colonización de Marte, no se puede negar que esta solución es extremadamente arriesgada. Esto es especialmente evidente cuando la comparamos con otras posibles soluciones a los problemas de superpoblación y agotamiento de los recursos naturales. Por ejemplo, un cambio hacia recursos renovables, como la energía solar, eólica e hidroeléctrica, podría revolucionar nuestra forma de vida. Al reducir nuestra dependencia de los combustibles fósiles, podríamos disminuir nuestra huella de carbono, reducir la contaminación y posiblemente incluso frenar los efectos del calentamiento global. Las prácticas agrícolas sostenibles que promueven el uso de fertilizantes orgánicos, el cultivo en terrazas y la rotación de cultivos podrían reducir la necesidad de pesticidas, preservar la calidad del suelo y promover la conservación del agua.

La mejora de la ingeniería genética y el uso de OMG en la agricultura podrían aumentar el suministro mundial de alimentos sin necesidad de más tierras, agua y recursos. La posibilidad de crear cultivos resistentes a sequías, inundaciones y plagas podría ayudar a proteger la producción de alimentos y a reducir los daños causados por las catástrofes naturales. Aunque la colonización de Marte presenta muchos riesgos y amenazas, es innegable que sus beneficios potenciales son grandes. Los recursos marcianos, como los minerales, el agua y la posibilidad de aprovechar la energía geotérmica, podrían contribuir al crecimiento continuado de la civilización humana. Nos corresponde a nosotros sopesar los beneficios potenciales con los riesgos y decidir si continuar o no con la colonización. También es importante considerar soluciones alternativas y menos arriesgadas a los problemas de superpoblación y agotamiento de los recursos naturales. Si nos centramos en estas soluciones, podremos mitigar el impacto de las actividades humanas en la Tierra y dar un paso hacia un futuro más sostenible. La idea de colonizar Marte ha ido cobrando fuerza en los últimos años a medida que los recursos de la Tierra siguen agotándose y la superpoblación se convierte en un problema cada vez más urgente. No es ningún secreto que los recursos de la Tierra son finitos y, a medida que crezca la población, la demanda de esos recursos no hará sino aumentar. El agotamiento de los recursos naturales, como el petróleo y el agua, ya ha provocado conflictos y tensiones políticas entre las naciones. El calentamiento global está provocando cambios irreversibles en el clima de nuestro planeta y supone un peligro para toda la vida en la Tierra. Impulsadas por estas preocupaciones medioambientales, las agencias espaciales y las empresas privadas han puesto sus miras en Marte como próxima frontera. Marte, con sus similitudes con la Tierra, se considera un lugar potencial para la colonización humana, y la posibilidad de establecer colonias autosuficientes en el planeta se ve como una solución potencial a los continuos y cada vez más graves problemas ecológicos de la Tierra. El concepto de colonizar Marte no es nuevo; la idea existe desde hace décadas, pero siempre se ha visto como una posibilidad lejana e improbable. Los recientes avances tecnológicos y el creciente interés de gobiernos y empresas privadas han acercado la posibilidad de colonizar Marte a la realidad. La exploración de Marte por vehículos exploradores y otras naves espaciales ha proporcionado datos e información vitales sobre el planeta, y ahora está claro que hay muchas similitudes entre la Tierra y Marte. Entre ellas, la duración del día, los patrones estacionales y la presencia de agua congelada en su superficie. Estas similitudes ofrecen la esperanza de que Marte pueda albergar vida, y algunos científicos creen que el planeta podría incluso ser terraformado para crear un entorno habitable para los seres humanos. La posibilidad de colonizar Marte plantea una serie de cuestiones éticas. ¿Es correcto utilizar recursos y fondos para colonizar otro planeta cuando todavía hay muchos problemas en la Tierra que deben abordarse? ¿Podría la colonización de Marte conducir a los mismos problemas medioambientales a los que se enfrenta la Tierra? También está la cuestión de si es ético enviar seres humanos en un viaje de ida a Marte, donde se enfrentarían a numerosos peligros e incertidumbres. A pesar de estas preocupaciones, la colonización de Marte se considera un paso necesario para la supervivencia de la humanidad, y ha generado un gran entusiasmo e interés por parte del público. Uno de los principales objetivos de la colonización de Marte es establecer colonias autosuficientes que puedan sobrevivir sin recursos procedentes de la Tierra. Esto requeriría el desarrollo de tecnología avanzada que pueda extraer recursos de Marte y convertirlos en formas utilizables. Por ejemplo, empresas como SpaceX están desarrollando cohetes reutilizables que pueden transportar personas y equipos a Marte, y la NASA está explorando formas de utilizar los recursos del planeta para crear combustible y oxígeno. También existe la posibilidad de utilizar la tecnología de impresión 3D para crear estructuras en el planeta utilizando materiales locales. Estas innovaciones no sólo son necesarias para la colonización de Marte, sino que también podrían tener aplicaciones en la Tierra, permitiéndonos vivir de forma más sostenible y eficiente. Otra ventaja de colonizar Marte es que podría aportar valiosos conocimientos científicos y perspectivas sobre los orígenes y la evolución del sistema solar. Marte es el planeta más parecido a la Tierra de nuestro sistema solar, y estudiarlo podría proporcionar pistas sobre cómo se forman los planetas, la evolución de nuestro planeta e incluso la posibilidad de vida en otros planetas. Marte ya ha proporcionado una gran cantidad de información gracias a la exploración mediante robots y sondas, y la exploración y colonización humanas podrían aportar datos aún más detallados y matizados. A pesar de los retos y las preocupaciones éticas, la colonización de Marte se considera un paso necesario para la supervivencia de la humanidad. Con los ecosistemas y recursos de la Tierra bajo la presión de la superpoblación y el calentamiento global, el desarrollo de colonias autosuficientes en Marte podría aliviar parte de la presión sobre nuestro planeta. La colonización de Marte no sería una solución definitiva, pero podría ayudarnos a aprender a vivir de forma más sostenible y eficiente, tanto en la Tierra como fuera de ella.

La colonización de Marte podría inspirar a las generaciones futuras a dedicarse a la ciencia y la tecnología y proporcionar valiosos conocimientos e información sobre nuestro sistema solar y el universo en su conjunto. La colonización de Marte representa un paso audaz y ambicioso para la humanidad, y una posible solución a nuestros actuales retos ecológicos y medioambientales.

XII. EL PAPEL DE LA COOPERACIÓN INTERNACIONAL

El éxito de la colonización de Marte exigirá una cooperación internacional sin precedentes. Ningún país puede hacerlo solo, y ninguna nación debería tener el control exclusivo del Planeta Rojo y sus recursos. Un enfoque colaborativo garantizaría que se compartieran y utilizaran la mejor tecnología, experiencia y conocimientos, lo que conduciría a una misión más eficiente y rentable. La colaboración entre diferentes naciones e instituciones crearía un sentimiento de propiedad y responsabilidad compartidas por el éxito de la misión, reduciendo el riesgo de conflicto y competencia. La cooperación internacional en la colonización de Marte también ayudaría a resolver algunos de los problemas éticos, legales y sociales que surgirán. Por ejemplo, ¿a quién se debe permitir ir a Marte y quién debe tener acceso a sus recursos? ¿Cómo garantizar el respeto de los derechos de las formas de vida autóctonas del planeta? ¿Qué consecuencias tendrá la terraformación de Marte para su ecología y su clima? Estas preguntas no pueden ser respondidas por una sola nación o institución. Por el contrario, requieren una conversación global y una acción colectiva. La cooperación internacional en la colonización de Marte allanaría el camino para misiones espaciales más ambiciosas en el futuro. Las lecciones aprendidas de la colaboración en la colonización de Marte podrían aplicarse a otras empresas de exploración espacial, dando lugar a avances científicos y tecnológicos y a nuevas oportunidades económicas. Una visión más amplia de la exploración espacial, que la conciba

163

como un esfuerzo de colaboración, también fomentaría un sentimiento de destino compartido por la humanidad. No será fácil lograr la cooperación internacional en la colonización de Marte. Los intereses nacionales, las rivalidades geopolíticas y los diferentes sistemas culturales y políticos podrían plantear importantes desafíos. La historia de la colaboración internacional en la exploración espacial ha sido desigual. Mientras que la Estación Espacial Internacional es un brillante ejemplo de cooperación internacional fructífera, otras iniciativas, como el Tratado Lunar, no han logrado un apoyo universal. Para superar estos retos y lograr una cooperación internacional exitosa en la colonización de Marte, son necesarios varios pasos. En primer lugar, debe existir una fuerte voluntad política por parte de todos los socios potenciales. Los líderes deben estar dispuestos a dejar de lado sus intereses nacionales y colaborar por un bien mayor. En segundo lugar, debe establecerse un objetivo común y un entendimiento compartido de los beneficios y retos de la colonización de Marte. Es importante que todos los socios tengan la misma visión y los mismos objetivos para la misión. En tercer lugar, debe desarrollarse un marco jurídico que aborde las cuestiones éticas, legales y sociales de la colonización de Marte. Es esencial un tratado que defina los derechos y responsabilidades de cada socio y garantice la protección de la ecología del planeta y de las formas de vida autóctonas. La cooperación internacional en la colonización de Marte requeriría una importante inversión de recursos y financiación. Un modelo de financiación diversificado que incluya inversiones públicas y privadas, así como subvenciones y donaciones internacionales, podría contribuir a garantizar la sostenibilidad financiera de la misión. Una comunicación y colaboración eficaces entre todos los socios sería clave para el éxito de la cooperación internacional en la colonización de Marte. Los mecanismos de coordinación, como las reuniones periódicas y los órganos conjuntos de toma de decisiones, podrían contribuir a facilitar la comunicación y fomentar la confianza entre los socios. Los mecanismos de intercambio de información y transferencia de conocimientos, como los programas conjuntos de investigación y los intercambios de formación, podrían ayudar a crear capacidades y fomentar la innovación. El papel de la cooperación internacional en la colonización de Marte es fundamental. La colaboración entre diferentes naciones e instituciones proporcionaría los recursos, conocimientos y experiencia necesarios para el éxito de la misión. La cooperación internacional en la colonización de Marte ayudaría a abordar algunas de las cuestiones éticas, legales y sociales que surgirán y allanaría el camino para misiones espaciales más ambiciosas en el futuro. Lograr la cooperación internacional en la colonización de Marte requerirá una fuerte voluntad política, un objetivo común, un marco jurídico, una inversión significativa de recursos y una comunicación y colaboración eficaces entre todos los socios.

IMPORTANCIA DE LA COOPERACIÓN INTERNACIONAL

El futuro de la humanidad depende de nuestra capacidad para explorar nuevas fronteras, y Marte representa una nueva oportunidad para continuar nuestra búsqueda del progreso. Ante la superpoblación, el agotamiento de los recursos y el calentamiento global, la colonización de Marte parece ser nuestra única esperanza para asegurar nuestra supervivencia. El éxito de este monumental objetivo depende de la cooperación de países de todo el mundo. La cooperación internacional es crucial para el éxito de los esfuerzos de colonización de Marte, ya que requiere una enorme cantidad de recursos, tecnología y experiencia que ninguna nación puede aportar por sí sola. En primer lugar, el coste de la colonización de Marte es exorbitante, y una sola nación no puede asumir la carga por sí sola. Un aspecto clave para el éxito de la colonización es garantizar un suministro continuo de recursos a los colonos, que estarán aislados de la Tierra durante meses o incluso años. Esto requiere el desarrollo de complejas infraestructuras de transporte, comunicación y extracción de recursos. La inversión financiera a tan gran escala sólo puede lograrse mediante la puesta en común de recursos de varios países. La inversión financiera puede obtenerse de países con gran interés en la exploración espacial, como Estados Unidos, Rusia, China y Japón. La cooperación internacional permite a las naciones aprovechar sus recursos tecnológicos y financieros para apoyarse mutuamente en la consecución de un objetivo común. En segundo lugar, los conocimientos técnicos necesarios para la colonización de Marte van más allá de las capacidades de una sola nación. El éxito de la colonización requerirá una miríada de conocimientos especializados, desde la propulsión de cohetes hasta la navegación en el espacio profundo y los sistemas de soporte vital. Al aunar los recursos intelectuales y técnicos de los distintos países, podemos compartir nuestros conocimientos y aprender de la experiencia de los demás. El resultado final será un progreso más rápido y una mayor probabilidad de éxito. La colaboración internacional ayudará a garantizar que las mejores mentes de todo el mundo trabajen en pos de un objetivo común con el único objetivo del éxito. En tercer lugar, la logística de una empresa tan colosal como la colonización de Marte va más allá de lo que puede ofrecer un solo país. Se necesitará un equipo multinacional para diseñar, construir y operar una colonia en Marte desde cero. La cooperación y colaboración entre países con culturas y tradiciones diferentes dará lugar a un entorno ideal para el intercambio de ideas y la innovación, dando lugar a nuevas soluciones para obstáculos que en un principio podían parecer insalvables. La cooperación internacional fomentará oportunidades más significativas para el desarrollo de tecnologías sostenibles que puedan utilizarse para explorar y colonizar Marte. Sabemos que cualquier misión a otro planeta generará residuos, y debemos encontrar al instante formas de gestionar la acumulación de forma eficaz. El delicado ecosistema de Marte no podrá soportar la generación de residuos del mismo modo que la Tierra. Con la cooperación internacional, podemos explorar tecnologías sostenibles que nos permitan vivir en otros planetas con un impacto medioambiental mínimo. La cooperación internacional en la colonización de Marte reforzará la unidad y la colaboración mundiales, aumentando la interdependencia mutua de los países e impulsando una cooperación más estrecha en otros ámbitos de importancia internacional. La necesidad de colaboración mundial en la colonización de Marte atestiguará el nivel de importancia que la humanidad y las naciones conceden al futuro de la humanidad y al avance tecnológico. La revolución de la colonización de Marte será un éxito capital que ninguna nación podrá gestionar por sí sola, lo que ampliará los límites de lo que las naciones pueden lograr mediante la cooperación.

En resumen, el éxito de la colonización de Marte dependerá de la disponibilidad y voluntad de compartir fuentes, tecnología y conocimientos entre las naciones. Ningún país podría crear unilateralmente una colonia autosuficiente en Marte. Mediante la colaboración, el potencial crece exponencialmente cuando un equipo multinacional de astronautas, ingenieros y otro personal técnico puede aprovechar los recursos compartidos de los países miembros. En este sentido, la colonización de Marte será un logro compartido y un testimonio de que la cooperación entre naciones puede lograr cosas extraordinarias. El mundo podría beneficiarse conjuntamente de los conocimientos adquiridos y de los avances logrados gracias a esta visión audaz y ambiciosa. Por tanto, no se puede exagerar la importancia de la cooperación internacional en la exploración de Marte.

CONFLICTOS ENTRE PAÍSES EN LOS ESFUERZOS DE COLONIZAR MARTE

A medida que se acelera la carrera por colonizar Marte, no es difícil imaginar los posibles conflictos que podrían surgir entre los países. La asignación de recursos, como el agua y los minerales, será sin duda un punto de discordia. Históricamente, los conflictos por los recursos han desempeñado un papel importante en los conflictos humanos, y no hay razón para creer que no ocurrirá lo mismo en Marte. También es posible que los países se disputen el control de determinados puntos de aterrizaje o zonas del planeta donde crean que pueden establecer colonias más fácilmente. Como en cualquier nueva frontera, es probable que la fiebre del oro lleve a los países a competir ferozmente por el territorio y los recursos. La cuestión es si esta competencia desembocará en violencia o si los países encontrarán la forma de colaborar en beneficio mutuo. Hay algunas razones para ser optimistas sobre el potencial de cooperación. En primer lugar, el coste de ir a Marte es tan elevado que es poco probable que un país pueda permitírselo por sí solo. Al aunar recursos y conocimientos, los países tienen más posibilidades de lanzar con éxito una misión. Cualquier misión exitosa a Marte requerirá un compromiso a largo plazo, lo que significa que los países tendrán que trabajar juntos para crear colonias sostenibles. No hay forma de que un país establezca una colonia autosuficiente en Marte sin la cooperación de los demás. Existe un marco jurídico que regula la actividad humana en el espacio exterior, incluido Marte. El Tratado sobre el Espacio Exterior de 1967, ratificado por más de 100 países, prohíbe la militarización del espacio y establece explícitamente que ningún país puede reclamar la soberanía sobre ninguna parte del espacio, incluidos los cuerpos celestes como Marte. También hay motivos para preocuparse por posibles conflictos. La carrera espacial entre Estados Unidos y la URSS durante la Guerra Fría estuvo impulsada en parte por el orgullo nacional y el miedo a quedarse atrás tecnológicamente. Es posible que ocurra algo parecido con la colonización de Marte, con países compitiendo por el prestigio de ser los primeros en establecer una colonia permanente en el planeta. Esta competencia podría llevar a los países a tomar atajos en las normativas de seguridad y medio ambiente, lo que podría tener consecuencias catastróficas. El marco jurídico para regular la actividad humana en Marte está en gran medida sin probar. Aunque el Tratado sobre el Espacio Ultraterrestre proporciona un marco general para regular la actividad en el espacio, no cubre todas las contingencias que pueden surgir durante un esfuerzo de colonización de Marte. Por ello, puede haber desacuerdos entre países sobre lo que está y no está permitido por el tratado. Otro ámbito en el que podrían surgir conflictos es el de la terraformación. La terraformación es el proceso de modificar el entorno de un planeta para hacerlo más acogedor para la vida humana. Este sería un paso necesario para crear una colonia autosuficiente en Marte, ya que el entorno actual del planeta es inhóspito para la vida humana. La terraformación de un planeta puede causar importantes daños medioambientales y tardar siglos en completarse. Los distintos países pueden tener enfoques diferentes sobre la terraformación, y algunos pueden estar más dispuestos a asumir riesgos que otros. Esto podría dar lugar a desacuerdos y conflictos sobre la rapidez de la terraformación del planeta y sobre qué cantidad de daño medioambiental es aceptable. Está la cuestión de la propiedad intelectual. Las tecnologías necesarias para la colonización de Marte, como los nuevos motores de cohetes y los sistemas de soporte vital, probablemente serán desarrolladas por empresas privadas. Estas empresas tratarán de beneficiarse de sus invenciones, lo que podría dar lugar a disputas sobre los derechos de propiedad intelectual. Los países pueden intentar proteger a sus propias empresas aplicando políticas proteccionistas que limiten el acceso a tecnologías extranjeras. Esto podría ralentizar los avances en la colonización de Marte y provocar tensiones entre países.

En resumen, aunque hay razones para ser optimistas sobre el potencial de cooperación en los esfuerzos de colonización de Marte, también hay áreas en las que podrían surgir conflictos. La asignación de recursos, la cuestión del territorio, las preocupaciones por la seguridad y los daños medioambientales, los desacuerdos sobre los marcos jurídicos y las disputas sobre la propiedad intelectual podrían causar conflictos entre los países. Es importante que los países trabajen juntos para establecer normas y directrices claras para la colonización de Marte, y que aborden la empresa con un espíritu de cooperación y no de competencia. El éxito de la colonización de Marte dependerá de la capacidad de los países para trabajar juntos hacia un objetivo común.

COOPERACIÓN INTERNACIONAL vs. OTRAS POSIBLES SOLUCIONES

A medida que la humanidad mira hacia la colonización de Marte como posible solución a nuestros problemas actuales, se plantea la cuestión de la cooperación internacional. ¿Es eficaz en este empeño y, lo que es más importante, puede llevarnos a una colonización exitosa de Marte? Para responder a estas preguntas, es necesario comparar la cooperación internacional con otras posibles soluciones. La primera solución alternativa que merece la pena examinar es la de las empresas privadas. En los últimos años, empresas privadas como SpaceX y Blue Origin han surgido como actores importantes en la industria de la exploración espacial. Su objetivo también es colonizar Marte, pero sus motivaciones y recursos difieren de los de los gobiernos. Las corporaciones privadas son conocidas por su eficiencia e innovación, pero en el caso de una colonia en Marte, su afán de lucro puede obstaculizar sus esfuerzos por trabajar hacia un objetivo común. Por otro lado, los gobiernos tienen el poder y los recursos para movilizar una gran mano de obra y financiar la investigación y el desarrollo necesarios. Los diferentes intereses nacionales y las trabas burocráticas pueden frenar el progreso. Como se vio en el proyecto de la Estación Espacial Internacional, que fue una exitosa colaboración internacional, la cooperación gubernamental puede conducir al progreso. Incluso en este caso, el proyecto fue impulsado en gran medida por Estados Unidos, lo que puede limitar el potencial de una empresa espacial verdaderamente multilateral. Otra posible solución es una perspectiva puramente

175

nacional, en la que un solo país se embarque en solitario en la colonización de Marte. Aunque esto podría eliminar los retos que plantean los diferentes intereses nacionales, un proyecto de este tipo exigiría un uso increíblemente intensivo de recursos y podría no ser posible para un solo país. En comparación, la cooperación internacional combinaría los recursos y la experiencia de múltiples países, aumentando las posibilidades de éxito. La comparación muestra que, aunque cada solución tiene sus méritos, la cooperación internacional parece ser el enfoque más prometedor en términos de maximizar los recursos y hacer frente a los retos tecnológicos de la colonización de Marte. Para maximizar los recursos y afrontar los retos tecnológicos de la colonización de Marte, puede que sea necesario un examen más detallado para determinar el enfoque óptimo de la colaboración internacional en la colonización de Marte. La idea de colonizar Marte como medio de proteger el futuro de la humanidad no es nueva. Desde la llegada de la exploración espacial, tanto científicos como escritores de ciencia ficción han explorado el potencial de Marte como segundo hogar para la humanidad. En los últimos años, esta idea ha cobrado más fuerza a medida que los retos a los que se enfrenta nuestro planeta se han hecho cada vez más acuciantes. La superpoblación, el agotamiento de los recursos naturales y el calentamiento global han llevado a la humanidad a buscar desesperadamente soluciones para garantizar su supervivencia. Para muchos, la esperanza de futuro reside en la colonización de Marte. La idea no está exenta de críticas, que señalan los inmensos retos tecnológicos, financieros y políticos que supondría semejante empresa. Los partidarios de la colonización marciana sostienen que los beneficios en términos de avances científicos, sostenibilidad medioambiental y supervivencia de la

176

humanidad justifican los riesgos. La cuestión sigue siendo si debemos poner todas nuestras esperanzas en Marte y descuidar los acuciantes problemas medioambientales de la propia Tierra, o si debemos perseguir ambas opciones simultáneamente. La decisión de colonizar o no Marte es compleja y requiere una cuidadosa consideración y ponderación de múltiples factores.

XIII. CONCLUSIONES

La humanidad ha llegado a un punto crítico de su existencia en el que los recursos y el espacio son cada vez más escasos. La superpoblación, el agotamiento de los recursos naturales y el calentamiento global han contribuido a estos problemas masivos, y existe un peligro real de que, sin una acción rápida, las consecuencias podrían ser nefastas. Queda la esperanza de la posible colonización de Marte, que ofrece una solución a estos problemas al proporcionar una nueva frontera para el crecimiento y la expansión humanos. Aunque todavía está en pañales, la tecnología sigue avanzando y desarrollándose, y los expertos predicen que el día en que los seres humanos puedan vivir y prosperar en Marte puede no estar muy lejos. Es esencial que se avance rápidamente y que todas las partes responsables trabajen juntas para garantizar que se dispone de la infraestructura necesaria para tal hazaña. Esto implica la cooperación entre gobiernos, empresas e instituciones académicas, todos trabajando para proporcionar la financiación, investigación y tecnología necesarias para hacer realidad la colonización de Marte. Corresponde a la propia humanidad forjar su futuro y su destino, y si somos capaces de dar los pasos necesarios para colonizar Marte con éxito, podremos asegurar nuestra existencia y garantizar nuestra supervivencia a las generaciones venideras.

GARANTIZAR LA SUPERVIVENCIA HUMANA: LA NECESIDAD DE SOLUCIONES

Mientras la población mundial sigue creciendo a un ritmo sin precedentes y la humanidad se enfrenta al doble reto de la degradación del medio ambiente y el agotamiento de los recursos naturales, la necesidad de soluciones urgentes para garantizar nuestra supervivencia nunca ha sido más acuciante. Una estrategia clave por la que han abogado muchos científicos y responsables políticos es la colonización de Marte. Aunque la perspectiva de enviar seres humanos a colonizar otro planeta puede sonar a ciencia ficción, los recientes avances en tecnología y exploración espacial han convertido esta posibilidad en algo realista. Incluso si logramos establecer una colonia en Marte, esto por sí solo no bastará para garantizar nuestra supervivencia a largo plazo. También debemos tomar medidas decisivas para causas profundas de estos acuciantes retos mundiales. Esto incluye la reducción de nuestra dependencia de los combustibles fósiles y la transición a formas de energía más sostenibles, la inversión en recursos y tecnologías renovables y la aplicación de políticas que apoyen una economía mundial más equitativa y sostenible. Al mismo tiempo, también debemos trabajar para mitigar los efectos del cambio climático, proteger la diversidad biológica y la salud de los ecosistemas, y apoyar el desarrollo de sistemas alimentarios sostenibles que den prioridad a la biodiversidad, las tradiciones culturales y el bienestar tanto de los seres humanos como de los animales no humanos. El futuro de la humanidad depende de nuestra capacidad para unirnos y hacer frente a estas amenazas de forma coordinada y eficaz. Sólo mediante la acción colectiva y un compromiso sostenido con la sostenibilidad podremos garantizar nuestra supervivencia a las generaciones venideras.

COLONIZAR MARTE PARA GARANTIZAR LA SUPERVIVENCIA DE LA HUMANIDAD

Una posible solución para garantizar la supervivencia de la humanidad en medio de crisis globales como la superpoblación y el agotamiento de los recursos naturales es la colonización de Marte. Marte ofrece un destino único para la exploración espacial, ya que es el único planeta de nuestro sistema solar que se parece mucho a la Tierra en cuanto a su habitabilidad potencial. Su proximidad a la Tierra lo convierte en un lugar factible para los exploradores espaciales, ya que un viaje de ida y vuelta a Marte llevaría aproximadamente de dos a tres años. Marte cuenta con recursos valiosos como agua y minerales que pueden encontrarse en su superficie, lo que ayudaría a mantener una colonia autosuficiente. El establecimiento de un asentamiento humano en Marte podría contribuir a aliviar la crisis demográfica de la Tierra, ya que brindaría a los seres humanos la oportunidad de trasladarse a un nuevo planeta y empezar de nuevo. La colonización de Marte podría dar lugar a avances científicos y nuevas tecnologías que beneficiarían a toda la humanidad. Teniendo en cuenta los beneficios potenciales de la colonización de Marte, es importante evaluar críticamente los riesgos potenciales asociados a tal empresa, así como las implicaciones éticas de colonizar otro planeta. Si se hace de forma responsable y con detenimiento, la colonización de Marte puede ser una solución viable para garantizar la supervivencia de la humanidad. La idea de colonizar Marte existe desde hace décadas, pero a medida que los problemas de la superpoblación, el agotamiento de los recursos naturales y el calentamiento global se hacen más urgentes, su importancia es mayor. La colonización no es la solución a los problemas a los que se enfrenta la humanidad, sino más bien un arreglo temporal a la aparente dificultad para la supervivencia humana. La misión a Marte es una empresa apasionante que capta la imaginación del público e inspira a la gente a soñar con posibilidades de vida en otro planeta. Es erróneo suponer que la colonización de Marte puede resolver los problemas de la Tierra y convertirse en un sustituto de la vida tradicional. Colonizar Marte es un esfuerzo complejo y costoso que requiere la cooperación mundial, una planificación meticulosa y una ingeniería exhaustiva. Incluso si conseguimos llevar y traer a los humanos a Marte de forma segura, existen importantes retos para la habitabilidad sostenible a largo plazo en Marte. Entre ellos figuran la obtención de energía suficiente para la vida, la minimización del impacto de la radiación, el diseño de un sistema de recogida y distribución de agua y alimentos, y la creación de un hábitat protegido y viable en un planeta a menudo implacable. El establecimiento de una colonia marciana requerirá no sólo un equipo de astronautas, sino toda una comunidad con habilidades diversas que puedan trabajar juntas en sinergia. Esta diversidad de talentos será costosa de crear, y sólo podrá surgir de un subconjunto muy pequeño de la población con los conocimientos y la experiencia necesarios en áreas tecnológicas altamente cualificadas. Incluso si logramos establecer una colonia en Marte, debemos comprender que el planeta no es un sustituto de la Tierra, y que sigue siendo un lugar inhóspito para vivir. El clima de Marte es frío y seco, con poca atmósfera y altos niveles de radiación. Los recursos disponibles en Marte, como el agua y el oxígeno, deben extraerse del propio planeta o generarse a partir de las limitadas reservas de CO_2 atmosférico. Las duras condiciones de Marte no ofrecen ninguna posibilidad de cultivo, y el propio suelo está contaminado con percloratos, tóxicos para el ser humano. Así pues, la colonia marciana debe depender de la Tierra para casi todo lo que necesita para sobrevivir, lo que a su vez supone una enorme carga económica. También está la cuestión de la ética y las responsabilidades sociales asociadas a la colonización de Marte. ¿Quién irá a Marte y quién se quedará en la Tierra? Si consideramos las comunidades que viven en un planeta insostenible, ¿no debería compartirse la posibilidad de vida en Marte con todos los seres humanos por igual? ¿Cómo priorizamos la financiación de los recursos esenciales necesarios, como sanidad, alimentación y vivienda para los habitantes de la Tierra, cuando estamos gastando una enorme cantidad de recursos en explorar Marte? ¿Está justificado ese gasto a la vista de los muchos problemas a los que nos enfrentamos en la Tierra? Puede resultar éticamente incómodo racionalizar la perspectiva de colonizar Marte en este escenario. Es importante señalar que muchos de los problemas a los que se enfrenta la humanidad pueden resolverse con esfuerzos para crear un modo de vida sostenible en la Tierra. Para hacer frente a la superpoblación, debemos seguir esforzándonos por frenar el crecimiento demográfico, como la creación de iniciativas de salud pública y la ampliación de la educación para las mujeres. Para minimizar el agotamiento de los recursos, debemos adoptar un modelo de economía circular que haga hincapié en la reutilización y el reciclaje de materiales y energía. Para mitigar los efectos del calentamiento global, debemos centrarnos en la adopción de fuentes de energía renovables y en la reducción de las emisiones de gases de efecto invernadero. Todos ellos son retos importantes que requieren una colaboración colectiva mundial, pero son alcanzables mediante el esfuerzo y la inversión. Aunque la idea de colonizar Marte es apasionante, no es una panacea para los numerosos retos a los que se enfrenta la humanidad. En lugar de mirar hacia otro planeta y especular con sueños de habitación extraterrestre, debemos afrontar nuestros problemas y trabajar para encontrar soluciones sostenibles aquí en la Tierra. Esto requerirá el esfuerzo, la inversión y la cooperación de gobiernos, empresas y particulares de todo el mundo. La colonización de Marte no debe ser un objetivo único que reste importancia a los esfuerzos por resolver los problemas de la Tierra. Por el contrario, debemos aprovechar todas las lecciones aprendidas de la exploración de Marte e invertirlas de nuevo en nuestro planeta. La única forma de garantizar nuestra supervivencia como especie es aceptar el reto de crear un futuro sostenible para nosotros mismos en nuestro planeta.

XIV. IMPLICACIONES Y OBJETIVOS FUTUROS

La perspectiva de colonizar Marte tiene profundas implicaciones para la humanidad. En primer lugar, representa una oportunidad para mitigar algunas de las amenazas más acuciantes para nuestra supervivencia. Al establecer una presencia humana en Marte, podemos empezar a aliviar la presión que la superpoblación, el agotamiento de los recursos naturales y el calentamiento global han impuesto sobre nuestro planeta. La colonización de Marte puede impulsar los descubrimientos científicos y la innovación de formas que aún no podemos prever. Por ejemplo, existe la posibilidad de aprender valiosas lecciones sobre cómo crear ecosistemas sostenibles que puedan sustentar la vida humana en condiciones adversas. El desarrollo de nuevas tecnologías y sistemas para sustentar la vida humana en el Planeta Rojo puede tener amplias aplicaciones en campos como la medicina, la ingeniería y la ecología. La colonización de Marte también entraña riesgos potenciales. Cualquier empresa de esta envergadura requiere importantes recursos e inversiones, y no hay garantías de éxito. Las duras condiciones de Marte pueden plantear retos imprevistos, y los efectos a largo plazo de vivir en un entorno nuevo y desconocido son difíciles de predecir. Existe el riesgo de que los recursos y la energía dedicados a colonizar Marte desvíen la atención, los recursos y la financiación de problemas mundiales más acuciantes, como el hambre, la pobreza y las enfermedades. A pesar de estos riesgos, la perspectiva de colonizar Marte es importante y apasionante para la humanidad.

Representa una oportunidad para explorar nuevos horizontes, ampliar los límites de la ciencia y la tecnología y abordar algunos de los problemas más urgentes a los que se enfrenta nuestro planeta. Para aprovechar todo el potencial de esta empresa, debemos abordarla con una evaluación clara de sus oportunidades y riesgos, y con el compromiso de utilizar nuestras capacidades científicas y tecnológicas para la mejora de la humanidad. También debemos reconocer que nuestro éxito dependerá de la cooperación internacional, los recursos compartidos y el compromiso de promover el bien común. De cara al futuro, hay una serie de cuestiones que debemos considerar cuando empecemos a explorar las posibilidades de colonizar Marte. Por ejemplo, ¿cuáles son las metas y objetivos científicos específicos de una misión a Marte, y cómo podemos diseñar misiones que equilibren la exploración científica con los retos prácticos de mantener la vida humana en el Planeta Rojo? ¿Cómo podemos garantizar que la colaboración y la cooperación internacionales estén en el centro de cualquier misión a Marte y que los beneficios de esta empresa sean compartidos por toda la humanidad? ¿Qué consideraciones éticas y morales deben guiar nuestro enfoque de la colonización de un nuevo planeta y cómo podemos garantizar que nuestros esfuerzos se basen en una evaluación cuidadosa de sus posibles repercusiones en el medio ambiente, la salud y la seguridad humanas y las implicaciones sociales y económicas más amplias? La colonización de Marte presenta tanto grandes oportunidades como riesgos significativos para la humanidad. Aunque los retos de mantener la vida humana en el Planeta Rojo son formidables, los beneficios potenciales son numerosos y de gran alcance. Con una planificación cuidadosa, cooperación internacional y un compromiso con el bien común, podemos hacer realidad la promesa de esta empresa y ampliar los límites de la ciencia y la tecnología en nuevas y apasionantes direcciones. También debemos reconocer que el éxito de una misión a Marte depende de nuestra voluntad de abordarla con humildad, de aprender de nuestros errores pasados y de trabajar juntos en pos de un futuro mejor para toda la humanidad. Al mirar a las estrellas y considerar las posibilidades de una nueva frontera, asumamos los retos que nos aguardan con valentía, optimismo y un profundo compromiso con los valores y principios que guían nuestros esfuerzos por construir un mundo mejor.

IMPLICACIONES PARA LA COMUNIDAD MUNDIAL Y EL ECOSISTEMA

La colonización de Marte presenta inmensas implicaciones para la comunidad mundial y el ecosistema, ya que representa un nuevo paso en la evolución humana. La colonización de Marte no sólo es un hito importante en los logros científicos, sino que también ofrece oportunidades económicas y optimismo para el futuro. Estas actividades también podrían tener repercusiones medioambientales negativas tanto en la Tierra como en Marte. La primera implicación potencial de la colonización de Marte es la aparición de un posible cambio en el poder económico, especialmente para los países que logren colonizar el planeta. Si uno o varios países se convierten en los primeros en iniciar una colonia sostenible, dispondrán de una ventaja económica sin precedentes sobre todos los demás países y probablemente se produciría una importante redistribución de la riqueza. Las colonias de Marte podrían ser autosuficientes y poseer abundantes minerales valiosos, agua y energía que podrían comercializarse. El éxito de la colonización de Marte también podría conducir a avances revolucionarios en la agricultura, la medicina y las tecnologías industriales, entre muchos otros, lo que daría lugar a un aumento de empresas y productos innovadores. Esta nueva prosperidad económica y social dará lugar sin duda a nuevas realidades políticas; la colonización espacial redefiniría los retos de la humanidad. Los países competirían por el control y el acceso a los recursos del planeta, lo que podría desembocar en un conflicto interplanetario. La colonización de Marte tendría implicaciones ecológicas y biológicas. Entre ellas, la posible introducción de microorganismos terrestres en el entorno virgen marciano. Antes de las exploraciones terrestres de Marte, el planeta no tenía ni macro ni microflora ni fauna autóctonas. La exploración y colonización de Marte podría introducir patógenos nocivos en Marte, que dañarían los nanobiomas y alterarían procesos naturales que llevan funcionando miles de millones de años. Como consecuencia, Marte podría verse amenazado por especies invasoras. Por tanto, las implicaciones de la colonización marciana sobre el ecosistema natural del planeta son significativas. No obstante, las consecuencias de la colonización de Marte ya sean positivas o negativas, siguen siendo en gran medida especulativas en este momento; es necesario desarrollar medidas avanzadas y procedimientos estrictos para reducir los diversos impactos de las actividades humanas en el planeta.

La colonización de Marte también podría tener repercusiones positivas en la Tierra en términos de sostenibilidad medioambiental. Una colonia en Marte podría convertirse en un modelo de prácticas sostenibles en la Tierra, ya que obligaría a los seres humanos a reducir su huella medioambiental. La sostenibilidad es fundamental para mantener la autosuficiencia de la colonia de Marte y sacar el máximo partido de unos recursos limitados. Las acciones de planificación en Marte se centrarían en construir soluciones que utilicen menos recursos y produzcan menos residuos. El uso de fuentes de energía renovables en Marte no sólo sustentaría la vida humana en el planeta, sino que también aceleraría la revolución mundial de la energía limpia en la Tierra. La colonización de Marte brindaría a los humanos la oportunidad de estudiar activamente la mecánica de los asentamientos sostenibles, que podrían reproducirse en la Tierra. Como resultado, las prácticas sostenibles asociadas a la colonización de Marte podrían proporcionar una vía para abordar los problemas medioambientales actuales, ralentizar el ritmo del deterioro medioambiental y promover la conservación ecológica a largo plazo. La colonización de Marte podría tener implicaciones en el avance tecnológico de la humanidad. Los humanos tendrían que crear un entorno totalmente nuevo en Marte mediante la hidroponía y otros sistemas de soporte vital, lo que requeriría un nivel significativo de avances tecnológicos e innovación. El desarrollo y la aplicación de tecnología avanzada, la mejora de los sistemas de cultivo, el transporte y los protocolos de comunicación, entre otros aspectos, serán necesarios para que las colonias de Marte sigan siendo autosuficientes. Los avances tecnológicos desarrollados para la colonización de Marte podrían tener importantes beneficios para la tecnología en su conjunto. Por ejemplo, el desarrollo de nuevas tecnologías para comprender mejor la superficie de Marte podría contribuir al desarrollo de mejores herramientas geológicas y al descubrimiento de nuevos recursos en la Tierra. La investigación llevada a cabo en Marte también podría conducir a nuevos avances en ciencia y tecnología, incluidos los avances médicos. La colonización de Marte, como cualquier otra empresa importante de la humanidad, conlleva varias implicaciones éticas, sociales y medioambientales. Los beneficios potenciales de la colonización de Marte son considerables: avances científicos, prosperidad económica y sostenibilidad medioambiental. Por el contrario, los peligros potenciales de la colonización de Marte incluyen la introducción de microorganismos destructivos de la Tierra en el terreno marciano virgen, una posible amenaza a la seguridad global planteada por la aparición de nuevas potencias espaciales, y la alteración involuntaria de la superficie marciana y los procesos geológicos. Aunque la posibilidad de colonizar Marte supone un reto único para la humanidad, es de suma importancia que se tengan en cuenta estas implicaciones y se planifiquen cuidadosamente las medidas a tomar antes de proceder. De este modo, la humanidad podrá garantizar que la colonización de Marte se realice de forma responsable y teniendo en cuenta los intereses tanto de la Tierra como de Marte.

OBJETIVOS FUTUROS

El futuro de la colonización de Marte puede ser muy amplio y variado, y ofrece grandes oportunidades a los distintos agentes que se interesan por este tema. Un posible enfoque para la colonización de Marte podría consistir en el desarrollo de colonias autosuficientes en el planeta rojo, alimentadas por energía solar y basadas en recursos extraídos del entorno marciano. Este enfoque sería muy ambicioso y requeriría importantes avances tecnológicos e inversiones en recursos humanos para garantizar que las colonias puedan establecerse y mantenerse a largo plazo. Otra posible vía para explorar Marte podría consistir en enviar misiones tripuladas al planeta, con el objetivo de llevar a cabo investigaciones científicas que nos ayuden a comprender mejor Marte y, potencialmente, a identificar nuevas vías de exploración. Estas misiones podrían abarcar distintas disciplinas científicas, como la geociencia, la astrofísica y la biología, y también podrían ayudar a allanar el camino para futuros esfuerzos de colonización al establecer un conocimiento más profundo del entorno marciano. Alternativamente, algunos investigadores han propuesto el establecimiento de un enfoque más comercial para la colonización de Marte, con el objetivo de crear nuevas oportunidades para la exploración y el desarrollo en el espacio. Esto podría implicar el establecimiento de una base de fabricación o investigación en Marte, con el objetivo de proporcionar una plataforma para que las empresas privadas y otras partes interesadas exploren el potencial del planeta para la habitación humana y la extracción de recursos. Esta línea de pensamiento se apoya en la creencia de que Marte tiene un potencial significativo como fuente de minerales valiosos y otros recursos, y que el desarrollo de una sólida base científica y económica en Marte podría ayudar a impulsar la innovación y estimular el crecimiento económico en otras áreas. Al mismo tiempo, también preocupan las posibles repercusiones de la colonización de Marte sobre el planeta y sus habitantes, así como sobre los contextos sociales y medioambientales más amplios en los que se desarrollan estas actividades. Por ejemplo, preocupa el posible impacto de las actividades humanas en el medio ambiente marciano, incluido el posible agotamiento de los recursos o la contaminación, y la posible introducción de nuevas especies o microbios que podrían afectar al ecosistema marciano. También preocupan las implicaciones éticas de la colonización de Marte, incluidas las cuestiones relativas a la propiedad, la gobernanza y la soberanía, así como el posible impacto de la colonización en las comunidades indígenas y otras poblaciones vulnerables.

Las posibles orientaciones futuras de la colonización de Marte son complejas y polifacéticas, y exigen un examen minucioso de los diversos factores en juego y de las posibles consecuencias de los distintos planteamientos. Aunque la exploración de Marte y el posible establecimiento de colonias en el planeta ofrecen importantes oportunidades, es esencial que abordemos este tema con cautela y previsión, teniendo en cuenta los numerosos retos y riesgos inherentes a cualquier empresa de este tipo. El éxito de la colonización de Marte dependerá de nuestra capacidad para equilibrar los avances científicos, las oportunidades económicas y la responsabilidad ética, y para adoptar un enfoque sostenible y equitativo de la exploración espacial que beneficie a toda la humanidad.

IMPLICACIONES FUTURAS vs. OTRAS POSIBLES SOLUCIONES

La idea de colonizar Marte lleva décadas seduciendo a investigadores y científicos, pero en los últimos años ha cobrado impulso y se ha convertido en una solución más realista para la inminente crisis de la humanidad. Se han propuesto otras soluciones potenciales, cada una con sus propias implicaciones y direcciones futuras. Una de las soluciones más obvias es reducir el crecimiento de la población humana, lo que ayudaría a aliviar la presión sobre los recursos de nuestro planeta. Esto puede lograrse por diversos medios, como educar a la gente, facilitar el acceso a métodos anticonceptivos e incentivar a las personas para que tengan menos hijos. Aunque esta solución parece sencilla, su aplicación es compleja y requiere un cambio significativo de las normas sociales. Otra posible solución es centrarse en las fuentes de energía renovables. Muchos países han progresado en este campo, y algunos incluso aspiran a ser neutrales en carbono en los próximos años. Un cambio hacia energías renovables como la solar, la eólica y la hidráulica podría reducir significativamente nuestra dependencia de los combustibles fósiles, que contribuyen al calentamiento global y a la contaminación atmosférica. Las fuentes de energía renovables están aún en pañales y requieren importantes inversiones en investigación e infraestructuras para convertirse en alternativas viables a los combustibles fósiles. Del mismo modo, el desarrollo de prácticas agrícolas sostenibles es otra solución importante para superar las limitaciones de nuestro planeta. Un cambio hacia la agricultura regenerativa puede ayudar a restaurar el suelo dañado y reducir los efectos nocivos de los métodos agrícolas convencionales. Prácticas como la rotación de cultivos, los cultivos de cobertura y los cultivos intercalados pueden ayudar a mejorar la salud del suelo y evitar su erosión, lo que es esencial para garantizar la producción sostenible de alimentos. La idea de colonizar otros planetas como Marte puede considerarse una solución a largo plazo para los problemas que asolan nuestro planeta. Dado que implica construir y mantener asentamientos humanos en otros planetas, requiere avances tecnológicos que pueden no ser factibles hoy en día. La perspectiva de convertirnos en multiplanetarios es apasionante y ofrecería a la humanidad un plan de reserva en caso de catástrofe en la Tierra.

Al comparar la colonización de Marte con otras posibles soluciones, es importante tener en cuenta las implicaciones y la orientación futura de cada opción. Es probable que la colonización de Marte tenga importantes implicaciones financieras, técnicas y éticas que deben tenerse en cuenta. Aunque ofrece una posible vía de escape para la humanidad, es importante no verlo como una solución rápida o sencilla. En primer lugar, la colonización de Marte es una solución a largo plazo que requiere importantes inversiones en tiempo, dinero y recursos. Nuestra tecnología actual no es lo suficientemente avanzada como para sustentar la vida humana en Marte, e incluso con los plazos más optimistas, se tardará décadas en establecer una colonia humana autosuficiente. También se prevé que el coste de una misión de este tipo sea enorme, con estimaciones que oscilan entre decenas de miles de millones y billones de dólares. Esto lo convierte en un problema difícil de resolver, dadas las actuales limitaciones presupuestarias de la mayoría de los países.

En segundo lugar, la colonización de Marte tiene implicaciones éticas. La idea de colonizar otro planeta plantea cuestiones sobre la ética de la exploración espacial y sobre si es correcto colonizar otros planetas si no podemos cuidar del nuestro. También preocupa la seguridad de los astronautas y el impacto medioambiental de los asentamientos humanos en Marte.

Por ello, es importante considerar los riesgos y beneficios potenciales de colonizar Marte antes de comprometerse con una misión de este tipo. En comparación, otras soluciones como reducir el crecimiento de la población, utilizar energías renovables y desarrollar prácticas agrícolas sostenibles tienen menos implicaciones éticas y pueden aplicarse rápidamente. También requieren cambios significativos en las normas sociales, inversiones en investigación e infraestructuras y voluntad política para ponerlas en práctica. Es necesario un enfoque global que combine múltiples soluciones para abordar los complejos retos a los que se enfrenta la humanidad. En lo que respecta a futuras direcciones, la colonización de Marte tiene el potencial de transformar nuestra comprensión de nuestro universo y redefinir lo que significa ser humano. Ofrece a la humanidad la oportunidad de empezar de nuevo y crear una nueva vida en otro planeta. Este futuro no está garantizado y requiere importantes inversiones en investigación y tecnología para lograrlo. Por otro lado, soluciones como las energías renovables y la agricultura sostenible tienen un impacto más inmediato y pueden ayudar a garantizar un futuro más sostenible para la humanidad en la Tierra. La decisión de colonizar Marte o buscar otras soluciones depende de diversos factores, como nuestras prioridades, recursos y capacidades tecnológicas. Es importante recordar que no tenemos otra opción que actuar ahora. La humanidad ha llegado a un punto en el que debe tomar medidas audaces y decisivas para preservar los recursos de nuestro planeta. Ya sea mediante la colonización de Marte u otras soluciones, el futuro de nuestro planeta depende de nuestra capacidad para afrontar estos retos hoy. La idea de colonizar Marte lleva décadas circulando en la comunidad científica, pero en los últimos años ha cobrado un protagonismo considerable debido a la creciente preocupación por la superpoblación, el agotamiento de los recursos naturales y el calentamiento global. A medida que los recursos de la Tierra siguen menguando y su clima se vuelve cada vez más inhóspito, la humanidad se enfrenta a la ingente tarea de encontrar soluciones alternativas para garantizar su supervivencia. La colonización de Marte ha surgido como una posible solución a este problema. El Planeta Rojo, que es el cuarto planeta desde el Sol en nuestro sistema solar, ha sido considerado durante mucho tiempo como el candidato más prometedor para la colonización humana debido a su proximidad a la Tierra, su clima relativamente suave y la presencia de agua y otros recursos que podrían utilizarse para sustentar la vida. Los retos que plantea la colonización de Marte son considerables y requerirán importantes inversiones en recursos, tecnología y capital humano. Algunos de los principales retos que tendremos que superar son el elevado coste de enviar seres humanos y equipos a Marte, el duro entorno de radiación y la falta de un ecosistema sostenible en el planeta. A pesar de estos retos, los científicos y las agencias espaciales de todo el mundo trabajan sin descanso para desarrollar las tecnologías, los recursos y las estrategias necesarias para colonizar Marte con éxito. La colonización de Marte representa una oportunidad apasionante para que la humanidad explore nuevas fronteras, cree un nuevo hogar para nosotros más allá de la Tierra y garantice nuestra supervivencia frente a los acuciantes retos medioambientales a los que nos enfrentamos hoy en día.

XV. LLAMAMIENTO A LA ACCIÓN

Con los retos a los que se enfrenta nuestro planeta en relación con la superpoblación, el agotamiento de los recursos naturales y el calentamiento global se ha hecho evidente que la humanidad debe tomar medidas críticas para garantizar su supervivencia. La llamada a la acción que supone la necesidad de colonizar Marte es tan urgente como necesaria. Es una oportunidad no sólo para garantizar la continuidad de la especie humana más allá de nuestro planeta, sino también para participar en una exploración científica pionera y lograr avances tecnológicos sin precedentes. Como comunidad global, debemos movilizar nuestra inteligencia colectiva, recursos y tecnología hacia este objetivo de establecer una presencia humana permanente en Marte. El viaje a Marte es todo un reto, con importantes dificultades técnicas, financieras y logísticas, pero no es una tarea insuperable para la humanidad. Los avances logrados hasta ahora en el campo de los viajes y la exploración espaciales sirven como prueba de nuestra capacidad para alcanzar objetivos aparentemente imposibles. Esta es una llamada a la acción para que los gobiernos, instituciones, académicos, empresas y particulares del mundo se unan y trabajen en pos del objetivo común de la colonización de Marte. Debemos esforzarnos por acelerar el ritmo actual de innovación y desarrollo, creando nuevas tecnologías que sustenten los sistemas y la infraestructura necesarios para la vida en Marte. Desde los sistemas de soporte vital hasta las soluciones energéticas, pasando por la agricultura y la fabricación, debemos desarrollar sistemas autosuficientes que permitan crear una colonia sostenible en Marte. Debemos desarrollar sistemas autosuficientes que permitan la creación de una colonia sostenible en Marte. El éxito de la colonización de Marte no sólo proporcionará una solución a los problemas a los que se enfrenta nuestro planeta, sino que también abrirá un vasto mundo de posibilidades para la exploración y el descubrimiento científicos. El entorno único e implacable de Marte presenta una plataforma perfecta para diversas investigaciones científicas, que podrían conducir a una comprensión mucho más profunda de nuestro propio planeta y del universo más allá de él. Para lograrlo, no sólo debemos centrarnos en los aspectos técnicos y científicos de la misión, sino también en los retos sociales y psicológicos que plantea el establecimiento de una nueva civilización. Debemos planificar el bienestar social y psicológico de los colonos, teniendo en cuenta el aislamiento y confinamiento a los que se enfrentarán en Marte. Hay que proporcionar educación y apoyo a la salud mental para garantizar la estabilidad mental y emocional de los primeros seres humanos que vivan fuera de la Tierra. La colonización de Marte debe enfocarse como un esfuerzo global, haciendo hincapié en la cooperación internacional, la colaboración y la diplomacia. Implicar a países de todos los rincones del mundo en esta misión puede reforzar los lazos globales, promover la diversidad cultural y facilitar el intercambio de conocimientos entre naciones. La colaboración en la misión a Marte generaría un nivel de buena voluntad y cohesión internacional que apoyaría el desarrollo sostenible aquí en la Tierra. La colonización de Marte debería verse no sólo como una oportunidad para escapar de los problemas de la Tierra, sino también como una empresa que nos une más como especie. La llamada a la acción para establecer una presencia humana permanente en Marte es un componente vital de nuestros esfuerzos para garantizar la supervivencia de la raza humana. Es un viaje que requiere la inversión de importantes recursos, el desarrollo de nuevos sistemas y una colaboración sin precedentes entre individuos y naciones. El éxito de la colonización de Marte tiene el potencial de inaugurar una nueva era de exploración y descubrimientos científicos, pero también de inspirar y motivar a la próxima generación de científicos, ingenieros y empresarios. Con una visión compartida y un esfuerzo global unido, podemos transformar esta misión desalentadora pero emocionante en una realidad, iluminando el potencial para explorar e innovar más allá de nuestros límites terrestres.

LLAMAMIENTO A LA ACCIÓN PARA QUE PARTICULARES Y ENTIDADES PÚBLICAS Y PRIVADAS APOYEN LOS ESFUERZOS DE COLONIZAR MARTE

La superpoblación, el agotamiento de los recursos naturales y el calentamiento global son problemas cada vez más acuciantes, por lo que a la humanidad no le queda más remedio que buscar soluciones viables para garantizar su supervivencia. Afortunadamente, el concepto de colonización de Marte es muy prometedor en este sentido y está ganando adeptos entre científicos, investigadores y entusiastas del espacio. Esta colosal empresa requiere un apoyo sin precedentes por parte de particulares y entidades públicas y privadas de todo el mundo. En primer lugar, el apoyo individual a los esfuerzos de colonización de Marte es crucial en muchos sentidos. Una de las formas más obvias de contribuir es abogar por que la NASA y otras agencias espaciales reciban más financiación gubernamental para sus misiones de exploración espacial. Se trata de una cuestión crítica que a menudo se pasa por alto y que debe abordarse. El presupuesto de la NASA, por ejemplo, ha ido disminuyendo en los últimos años, pasando de cerca del 4,4% del presupuesto federal en 1966, durante el programa Apolo, a sólo el 0,5% en 2020. Se trata de una suma exigua si se tienen en cuenta los costes que implica la colonización de Marte. Para ponerlo en perspectiva, sólo la misión Mars Rover costó la friolera de 2.700 millones de dólares. Cada voz cuenta a la hora de pedir más financiación para programas espaciales que ayuden a avanzar en la colonización de Marte. Otra forma de contribuir es apoyar a organizaciones sin ánimo de lucro como la Mars Society, que aboga por la colonización de Marte. Su fundador, Robert Zubrin, ha declarado que el principal objetivo de la Mars Society es inculcar la visión de una misión humana a Marte en la mente del público. Para ello, promueven la exploración de Marte con simulaciones, concursos e iniciativas educativas. Cuanto mayor sea el número de personas que respalden a estas organizaciones, mayor será la probabilidad de que puedan reunir más recursos y asociaciones necesarios para hacer realidad la colonización de Marte. Empresas privadas como SpaceX están tomando la iniciativa en los esfuerzos de colonización de Marte. Han avanzado mucho en el desarrollo de cohetes reutilizables que han reducido considerablemente el coste de los vuelos espaciales. La empresa también ha elaborado ambiciosos planes para enviar misiones tripuladas a Marte en las próximas décadas, y su consejero delegado, Elon Musk, estima que podrían enviar seres humanos a Marte ya en 2026. Para alcanzar objetivos tan ambiciosos se requiere una importante inversión financiera del sector privado. Este es un ámbito en el que los gobiernos, los particulares ricos y los inversores pueden desempeñar un papel crucial apoyando a empresas privadas como SpaceX. Los incentivos de los gobiernos, como las subvenciones para la búsqueda y desarrollo, exenciones fiscales y asociaciones público-privadas podrían estimular una mayor inversión del sector privado en los esfuerzos de colonización de Marte. Si los inversores y las personas adineradas pudieran formar una coalición para aportar una inversión más significativa a las empresas espaciales privadas y ofrecer su experiencia en diversas áreas, como la ingeniería y la ciencia de los materiales, podrían impulsar aún más los esfuerzos de colonización de Marte. Con una inversión sostenida del sector privado, el coste de las colonias en Marte disminuirá y el número de descubrimientos podría aumentar, haciendo realidad el proyecto en un plazo más breve. En tercer lugar, el apoyo público, en particular de los líderes mundiales y las grandes organizaciones, es esencial para crear una buena gobernanza para el proyecto de colonización de Marte. Esto requiere el desarrollo de protocolos internacionales en torno a los derechos de propiedad, la seguridad, las preocupaciones medioambientales y la cooperación. Por este motivo, las Naciones Unidas crearon en 1959 la Comisión sobre la Utilización del Espacio Ultraterrestre con Fines Pacíficos (COPUOS). La COPUOS se encarga de elaborar leyes y directrices internacionales para la exploración del espacio y ha desempeñado un papel decisivo a la hora de orientar las actividades espaciales de las naciones. Esto demuestra que los líderes mundiales ven el valor de la exploración espacial y están dispuestos a trabajar juntos para alcanzar sus objetivos. La comunidad mundial debe seguir apoyando y comprometiéndose con la COPUOS para proporcionar un liderazgo estratégico unificado y apoyar la gobernanza del proyecto de colonización de Marte.

La colonización de Marte ofrece una solución potencialmente apasionante y viable a los alarmantes problemas a los que se enfrenta la humanidad. Pero el sueño de tener humanos en Marte dentro de nuestras vidas no está exento de retos significativos que requieren un esfuerzo concertado desde todos los frentes. Los gobiernos, las empresas privadas y los particulares tienen un papel único que desempeñar en el avance de los esfuerzos de colonización de Marte. Los particulares pueden realizar labores de promoción, tanto en línea como fuera de ella, apoyando el trabajo de las organizaciones sin ánimo de lucro, mientras que la inversión privada puede financiar la investigación y el desarrollo e impulsar los progresos realizados. El apoyo público puede proporcionar un marco normativo claro y aplicable que garantice la sostenibilidad y el éxito del proyecto. La tarea que tenemos por delante es enorme, pero con el apoyo y los recursos adecuados invertidos en los esfuerzos de colonización de Marte, podemos aprovechar la promesa de la exploración espacial para garantizar la supervivencia de nuestra especie.

INICIATIVAS PÚBLICAS Y PRIVADAS PARA LA COLONIZACIÓN DE MARTE

Las iniciativas públicas y privadas para la colonización de Marte han cobrado impulso en los últimos años. La NASA, la Agencia Espacial Europea (ESA), SpaceX y Blue Origin se encuentran entre los principales contendientes en la carrera por llegar a Marte. La misión Mars 2020 de la NASA, cuyo lanzamiento está previsto para julio de 2020, tiene como objetivo explorar el cráter Jezero de Marte para comprender mejor su geología y buscar indicios de vida microbiana en el pasado. La NASA también ha puesto en marcha el programa Artemis, cuyo objetivo es establecer una presencia humana sostenible en la Luna, allanando el camino para eventuales misiones humanas a Marte. La ESA ha coordinado las exitosas misiones ExoMars en 2016 y 2018, cuyo objetivo era buscar biofirmas de vida en Marte. SpaceX, fundada por Elon Musk en 2002, tiene ambiciosos planes para construir una ciudad autosuficiente en Marte con hasta un millón de residentes. Musk pretende conseguirlo estableciendo un asentamiento autosuficiente en Marte, que produciría todos los recursos necesarios para la supervivencia, desde alimentos, agua y oxígeno, hasta los materiales de construcción necesarios. Blue Origin, fundada por el CEO de Amazon Jeff Bezos en 2000, también ha mostrado interés por el turismo espacial y planea establecer asentamientos humanos permanentes en la Luna para allanar el camino a la colonización de Marte en el futuro. Las misiones privadas también han cobrado impulso en los últimos tiempos. La misión Mars One, fundada en 2012, pretendía establecer un asentamiento humano permanente en Marte a mediados de la década de 2020. La misión atrajo numerosas solicitudes de más de 200.000 personas de todo el mundo dispuestas a emprender un viaje de ida a Marte. Debido a diversos problemas operativos y financieros, la misión fue abandonada a principios de 2019. Del mismo modo, la Inspiration Mars Foundation, fundada por el empresario millonario Dennis Tito, pretendía lanzar una misión de sobrevuelo alrededor de Marte con una pareja en la próxima década. La misión pretendía aprovechar una rara ventana de oportunidad en la que Marte estaría muy cerca de la Tierra para minimizar la duración del viaje. La fundación no consiguió atraer la financiación y el apoyo necesarios para ejecutar la misión.

La creciente popularidad de la colonización de Marte puede atribuirse al potencial del planeta como lugar adecuado para la habitación humana. A pesar de sus duras condiciones ambientales, el planeta tiene varias ventajas que lo convierten en un destino ideal para el asentamiento humano a largo plazo. En primer lugar, Marte tiene una superficie similar a la de la Tierra, con montañas, valles, desiertos y casquetes polares, lo que facilita que los humanos se aclimaten a su entorno. En segundo lugar, Marte tiene un ciclo día-noche de aproximadamente 24 horas y un ciclo estacional de unos 687 días terrestres, lo que hace más factible que los humanos se adapten a sus ritmos circadianos. En tercer lugar, Marte tiene abundantes recursos de agua congelada en sus casquetes polares y en el subsuelo, que pueden extraerse y procesarse para proporcionar una fuente renovable de agua potable, agricultura y aplicaciones industriales. En cuarto lugar, Marte tiene una atmósfera delgada, que plantea riesgos mínimos de radiación en comparación con el espacio, lo que reduce los riesgos para la salud de los astronautas. Marte también tiene una protuberancia ecuatorial relativamente grande, que ofrece la oportunidad de que los hábitats giratorios generen gravedad artificial, esencial para la salud y el bienestar humanos en misiones de larga duración. La búsqueda de soluciones para garantizar la supervivencia humana en la Tierra ha provocado un creciente interés por la colonización de Marte. Las iniciativas públicas y privadas hacia la colonización de Marte han cobrado impulso en los últimos años, y organizaciones como la NASA, la ESA, SpaceX y Blue Origin se encuentran entre los principales contendientes en la carrera por llegar a Marte. El potencial para el asentamiento humano a largo plazo en Marte es significativo debido a sus ventajas únicas, como una superficie similar a la Tierra, abundantes recursos de agua congelada, una atmósfera delgada y la oportunidad de generar gravedad artificial. La capacidad de establecer un asentamiento autosuficiente y autosostenible en Marte, produciendo todos los recursos necesarios, es muy prometedora para la sostenibilidad a largo plazo de la civilización humana. Aunque quedan por superar varios retos técnicos, operativos y financieros, la colonización de Marte ofrece un faro de esperanza para asegurar un futuro mejor a la humanidad.

ENFATIZANDO LAS VENTAJAS DE COLONIZAR MARTE PARA ASEGURAR EL FUTURO HUMANO

La colonización de Marte representa una oportunidad para la supervivencia de la humanidad que no puede ignorarse. Al establecer un asentamiento humano autosuficiente en Marte, la humanidad podría diversificar sus factores de riesgo y garantizar que el destino de nuestra especie no esté ligado únicamente al planeta Tierra. De hecho, algunos científicos creen que la supervivencia de nuestra especie a largo plazo sólo puede asegurarse mediante la colonización de otros planetas, como Marte. La idea surge de los riesgos inherentes que corre la Tierra ante diversas calamidades naturales como terremotos, huracanes y choques de asteroides que podrían hacerla inhabitable. La superpoblación, el agotamiento de los recursos naturales y el cambio climático se están convirtiendo en cuestiones cada vez más críticas para nuestra supervivencia en la Tierra, y la colonización de Marte ofrece una posible solución a estos problemas. Con el establecimiento de un asentamiento marciano, podríamos construir un ecosistema diseñado para sustentar la vida humana y, al mismo tiempo, ser capaces de proporcionar recursos que se han agotado o esquilmado en la Tierra. Esto podría incluir recursos como el agua, los minerales y elementos vitales como el oxígeno y el nitrógeno. Los beneficios potenciales de la colonización de Marte para la supervivencia de la humanidad también incluyen la capacidad de poner a prueba nuestro temple como especie. Al empujarnos a establecer un asentamiento en un planeta completamente nuevo, pondríamos a prueba nuestros límites de innovación tecnológica, lo que podría abrir oportunidades para nuevos desarrollos en diversos campos. Esto también representa una oportunidad para unirnos como comunidad global y colaborar en un proyecto colectivo que es más grande que cualquier nación. A través del proyecto de colonización de Marte, podríamos desarrollar una visión compartida para el futuro de la humanidad, que sea tecnológicamente avanzada, sostenible y centrada en preservar nuestra especie durante los siglos venideros. Los beneficios potenciales de establecer un asentamiento marciano son inmensos, y no podemos permitirnos seguir ignorándolos. De hacerlo, nos estaríamos poniendo en riesgo de extinguirnos como especie debido a factores que están bajo nuestro control. Colonizar Marte nos brinda la oportunidad de forjar un nuevo camino para la humanidad, uno que apueste por la innovación, la colaboración y la sostenibilidad, y que garantice que nuestra especie seguirá prosperando en el futuro.

BIBLIOGRAFÍA

Jeffrey Eisenberg. 'Call to Action.' Secret Formulas to Improve Online Results, Bryan Eisenberg, HarperCollins Leadership, 10/29/2006

Raymond J. Halyard. 'The Quest for Water Planets.' Interstellar Space Colonization in the 21st Century, American Eagle Publications, 1/1/1996

Sven Erik Jørgensen. 'Global Ecology.' Academic Press, 4/16/2010

Peter David Blanck. 'The Americans with Disabilities Act and the Emerging Workforce.' Employment of People with Mental Retardation, AAMR, 1/1/1998

Kendra R. Parker. 'The Bloomsbury Handbook to Octavia E. Butler.' Gregory J. Hampton, Bloomsbury Publishing, 2/20/2020

Maurice Blaise. 'White Mandingo Part II.' The Conclusion, iUniverse, 2/1/2001

John B. Charles. 'Human Health and Performance Risks of Space Exploration Missions.' Evidence Reviewed by the NASA Human Research Program, Jancy C. McPhee, National Aeronautics and Space Administration, Lyndon B. Johnson Space Center, 1/1/2009

Konrad Szocik. 'The Human Factor in a Mission to Mars.' An Interdisciplinary Approach, Springer, 4/9/2019

The Princeton Review. 'Princeton Review AP English Language & Composition Prep, 2023.' 5 Practice Tests + Complete Content Review + Strategies & Techniques, Random House Children's Books, 8/16/2022

Division on Engineering and Physical Sciences. 'Safe on Mars.' Precursor Measurements Necessary to Support Human Operations on the Martian Surface, National Research Council, National Academies Press, 6/29/2002

Adriana Cordali. 'Visual Rhetorics of Communist Romania.' Life Under the Totalitarian Gaze, Springer Nature, 1/10/2023

Howard Whitton. 'Managing Conflict of Interest in the Public Sector.' A Toolkit, Organisation for Economic Co-operation and Development, 1/1/2005

Andrea Sommariva. 'The Political Economy of the Space Age.' How Science and Technology Shape the Evolution of Human Society, Vernon Press, 2/28/2018

Robert Zubrin. 'The Case for Mars.' The Plan to Settle the Red Planet and Why We Must, Simon and Schuster, 2/2/2021

Antonio Viviani. 'Mars Exploration.' a Step Forward, Giuseppe Pezzella, BoD – Books on Demand, 9/9/2020

Tony Milligan. 'The Ethics of Space Exploration.' James S.J. Schwartz, Springer, 7/25/2016

Robert Zubrin. 'The Case For Mars.' Simon and Schuster, 12/11/2012

National Aeronautics and Space Administration. 'NASA's Journey to Mars: Pioneering Next Steps in Space Exploration.' Government Printing Office, 2/5/2016

Joseph Seckbach. 'Terraforming Mars.' Martin Beech, John Wiley & Sons, 11/18/2021

Viorel Badescu. 'Mars.' Prospective Energy and Material Resources, Springer Science & Business Media, 12/7/2009

William Sims Bainbridge. 'Goals in Space.' American Values and the Future of Technology, SUNY Press, 1/1/1991

Joseph N. Pelton. 'The New Gold Rush.' The Riches of Space Beckon!, Springer, 11/4/2016

Robert Zubrin. 'Case for Mars.' Simon and Schuster, 6/28/2011

John Noble Wilford. 'Mars Beckons.' The Mysteries, the Challenges, the Expectations of Our Next Great Adventure in Space, Knopf, 1/1/1990

Isecg. 'Benefits Stemming from Space Exploration.' DIANE Publishing Company, 10/24/2013

Division of Behavioral and Social Sciences and Education. 'Global Environmental Change.' Under- standing the Human Dimensions, National Research Council, National Academies Press, 2/1/1991

Chris Prophet. 'SpaceX from the Ground Up.' 4th Edition, Independently Published, 11/21/2017

Mecha Summarizer . 'Energy and Environmental Science: A Guide to Sustainable Solutions.' Individual Unfold , 4/14/2023

Intergovernmental Panel on Climate Change (IPCC). 'The Ocean and Cryosphere in a Changing Climate.' Special Report of the Intergovernmental Panel on Climate Change, Cambridge University Press, 5/19/2022

Mark Maslin. 'Global Warming: A Very Short Introduction.' Oxford University Press, UK, 11/25/2004

David E. Naugle. 'Energy Sprawl Solutions.' Balancing Global Development and Conservation, Joseph M. Kiesecker, Island Press, 6/15/2017

Sjak Smulders. 'Sustainable Resource Use and Economic Dynamics.' Lucas Bretschger, Springer Science & Business Media, 7/19/2007

André Marcel Diederen. 'Global Resource Depletion, Managed Austerity and the Elements of Hope.' Eburon Uitgeverij B.V., 1/1/2010

Micah Sanchez. 'Natural Resource Depletion.' The Rosen Publishing Group, Inc, 12/15/2017

Department of Economic and Social Affairs. 'World Social Report 2020.' Inequality in a Rapidly Changing World, United Nations, 2/14/2020

Ann Foley Scheuring. 'Global Climate Change and California.' Potential Impacts and Responses, Joseph B. Knox, University of California Press, 1/1/1991

Rebecca Stefoff. 'Overpopulation.' Chelsea House Publishers, 1/1/1993

Foundation for Deep Ecology. 'Overdevelopment, Overpopulation, Overshoot.' Tom Butler, Foundation for Deep Ecology, 1/1/2015

Richard Wagner. 'The Case for Mars.' The Plan to Settle the Red Planet and why We Must, Robert Zubrin, Free Press, 1/1/1996

Leslie Sklair. 'The Anthropocene in Global Media.' Neutralizing the risk, Routledge, 11/22/2020

www.ingramcontent.com/pod-product-compliance
Lightning Source LLC
Chambersburg PA
CBHW070625220526
45466CB00001B/99